遺書教我的事

在情緒的驚濤駭浪中，發現事情比你想的美好

·推薦序·

給所有生命路上的追尋者

劉軒

我第一次認識 Tommy 是在另一位好友，CNEX 董事長蔣顯斌 Ben 的介紹之下。當時他們兩人正在為《音樂人生》做推廣和宣傳，而我相當喜歡這部紀錄片，尤其片中對於人生意義的探討，令我相當有共鳴。於是「人生的意義」就成為了我和 Tommy 初次見面的聊天主軸，只記得當晚聊得相當熱絡，有點欲罷不能，後來又發覺我們竟然是鄰居，離彼此家走路只要五分鐘而已，更覺得這是個緣分。一轉眼，我和 Tommy 已經結識超過十年了！

十年前的 Tommy 應該不曾料到如今會寫這本書，就像十年前的我不曾想過協助年輕人找到人生的意義，竟然會有一天成為自己的志業一樣。細想之下，如今這本書的問世，在我們兩人當年的第一次交談中，似乎已有伏筆。Tommy 對於真理的好奇追求、對於藝術的熱愛、對於找出方法，用有系統、有規模的方式協助社會……這些執著一直都在，我甚至覺得這根本就是他的個性。

我知道這本書得來不易，因為它是一段很漫長且辛苦的旅程的階段報告，而且還不是結案報告。有關憂鬱症，我們也還有太多不了解的，包括這個疾病有多少成分是生理，多少是心理？哪一種治療方式適合什麼樣的病患？為什麼 SSRI 藥物並非有效，而歐美開始實驗的迷幻藥物和K他命治療法，為何對某些重度憂鬱症患者又那麼有效……有太多問題等著我們去一一推敲、證實、發現。我們能確定的是：憂鬱症是全球的問題，也有明顯增長的趨勢。我們必須讓一般大眾能具備這方面的常識，並且讓這個疾病被更公開的討論與面對，去除舊世代對於憂鬱症與人格瑕疵所做的誤解聯想。

在這本書中，Tommy 以極誠實的態度面對自己，並公開自己的脆弱，讓我們讀者更能夠從他的個人故事中，理解一個憂鬱症患者複雜的內心世界。我們看到他如何透過

「寫遺書」進行自我整理，與過去的遺憾和解、向過去所傷害的人道歉、向不曾謝過的恩人道謝。這些都是有相當難度但非常有意義的對話。無論一個人是否有憂鬱傾向，都很值得花時間進行這種深度自問。如哲學家叔本華說：「值得驕傲的事，都是難做的事」，Tommy應該為自己在這本書中所展現的坦承和脆弱，感到驕傲。

Tommy也在書中承認，現在自己還有時候會陷入抑鬱的狀態，只不過比以前短得多，也較容易控制。這是另一個重要的認知：憂鬱症可能會復發，但它可以被控制，而從我自己對於「自我效能感」的研究，知道一個人是否能克服心理困境，有很大一部分取決於自己是否相信有能力克服這個困境。我認為，這是這本書很大的價值所在。它不但提供了個人故事，也提供了專業知識，最終讓讀者理解：面對憂鬱症雖然困難，但絕對不是「不可能的任務」。維持對生命的熱情，本身就是一種療癒，也是終身的追尋。所以在此，我為Tommy的終身追尋喝采，也推薦這本書，給一樣終身追尋生命熱情的您。

・推薦序・

用遺書改寫人生劇本

精神科醫師　詹佳真

這是我讀過談論憂鬱症相關主題書籍裡，色彩最明亮的一本書。除了 Tommy 豐富精采的人生經驗引人入勝，以真誠幽默的筆調描述憂鬱症如何改寫人生劇本，讓一位跨足金融與影藝界，過著光鮮亮麗生活的名流，轉型成為以憂鬱症預防為社會責任的社會企業創業者，翻轉憂鬱症只能和悲情連結的刻板印象；憂鬱症之後反而找到值得終身追求的目標，生命因此更為充實有意義。

因為憂鬱症時曾經離死亡這麼近，再加上兩年內接續發生有如心靈導師般的長輩和年輕的屬下驟然離世沒有交代，留下親友們無法彌補的遺憾，讓他決定提筆寫遺書。在這個過程中，藉由四道人生：道謝、道歉、道愛、道別，串起 Tommy 的人生故事及憂鬱症帶來的影響。這讓憂鬱症有了立體感，同時由第一人稱的角度，也看到朋友可以如何幫助憂鬱症的患者。書的後半部針對憂鬱症的迷思，作者查訪資料，做出回應，提供閱讀者憂鬱症的正確訊息。這部分可以讓一般大眾快速認識憂鬱症。

二〇二一年與憂鬱症相關，有兩個重大消息：一、世界衛生組織正式報告，憂鬱症已經提早成為造成個人失能原因的第一名，雖然有有效的治療方法，但是對憂鬱症的污名化，造成治療的障礙。在此我要特別感謝 Tommy，願意無私的分享他的個人故事，幫助更多人積極接受治療，在憂鬱症防治工作上，做出重大的貢獻。二、發展治療憂鬱症認知行為治療理論的 Aaron T. Beck（貝克）醫師以一百歲高齡辭世。她的女兒發表聲明：父親畢生致力於幫助他人，更一直工作到去世。貝克醫師是我的偶像。我想邀請 Tommy 在憂鬱症防治的路上，我們一起前行，直到生命的最後一刻。也期待有更多人加入這個行列。

Tommy 想要出版一本跟憂鬱症相關的書有一段時間了。因為憂鬱症太痛苦了，也很難纏，網路流傳治療憂鬱症的方法，他嘗試過很多種，也配合醫師的治療建議，慢慢摸索出和憂鬱症相處的方法。他忠實的呈現自己罹患憂鬱症的過程，想幫助更多人認識憂鬱症，縮短摸索過程，能夠早期發現、早期治療、盡快達到康復的目標。我誠心的推薦這本書給想要認識憂鬱症的朋友，以及懷疑人生存在意義的年輕朋友，相信可以從書中得到啟發。

・推薦序・

想走出來，得先走進去，好好經歷

臨床心理師　洪仲清

億萬富豪也會得憂鬱症，連心理專業也不敢說憂鬱症百分百不會上身。個性陽光正向，並非憂鬱症的免死金牌，因為有陽光的地方也會有陰影存在。

想走出痛苦，得要先走進去，好好經歷。

寫遺書是一種方式。文字自有其生命，在道歉、道謝、道愛、道別的書寫過程中，常常會出現我們意想不到的轉折與結尾。這種梳理能照見很少被看見的心靈角落，某些好久不曾想起的人與事可能浮上意識，藉此生命軌跡愈來愈清晰。

痛苦是老師，尤其是痛苦到不想活著，常常狠狠逼著我們去思考：活著到底有什麼意義？

在這個關鍵時刻，長久以來的社會制約才有機會剝離。我們以為理所當然的名利追求，那些早早被排在我們眼前的一個又一個人生任務，開始被縮小到一個不是那麼重要的位置。

當我們直球面對無常，有一個大大的好處：就是很多本來會勾起我們情緒的雞毛蒜皮，相對容易雲淡風輕。痛苦可以教我們分辨，什麼是重要的事？什麼事睜一隻眼閉一隻眼就好？

生前告別式也是另一種方式。把很多事做個整理，該交代的、該完結的、該放下的，讓心裡的空間清爽，這其實很紓壓。

痛苦也是一張考卷，我們得要在考卷裡填上答案：我是誰？

「憂鬱症的人，他的心就像戴了一個篩子，會把所有好的東西都排除在外，你跟他講了再多好的事情，進來的就是只有負面。對自己，覺得自己不夠好；對未來，覺得未來沒有希望；覺得朋友也不再接納他……所以不管你跟他講了再多正面的話，也進不了他的腦袋。」

想法不是事實，甚至不屬於我們。讓我們痛苦的，常常不是事件本身，而是由事件衍生而來的想法。

想法本身其實不一定能決定什麼，但我們如何回應想法，會決定我們後續的行動與生命。藉著痛苦，練習自我對話，並且覺知這些自我對話如何影響我們的心境，這是逆境給我們的禮物，也是祝福！

此外，懂得照顧心靈，也不忘跟身體連結。身心同源，運動便是我們跟自己身體的互動，那些痠痛痲癢的感官經驗，都隱含著重要訊息，等著我們去探究。

如果能在大自然中敞開，那些豐富的感官經驗，由外而內，也能淨化與洗滌煩惱。大自然是我們原本的家，我們要記得回家。

跟自己的身心能友善呼應，也可以跟家人朋友和諧共好。痛苦常讓我們自我封閉，而缺乏跟人的溫暖連結，說不定對自己是更大的傷害。

平時就能累積「愛的存款」，在我們墜落的時候，往日釋放的善意會交織成一張安全網。有人願意陪伴與關懷，常常是讓我們在剛開始能跟痛苦拉開距離的關鍵。

祝福各位朋友，能用心於快樂，也接納痛苦的到來！

Contents

Part

2 寫封遺書吧：面對生命的四種練習

Part 3

卡住了，怎麼辦？——醫生這樣說

Part

4 我能走出憂鬱，你當然也可以

Part 1

人生而不平等，痛苦卻無二致

憂鬱症並非簡單「心理脆弱」能夠解釋，
可能是純粹巧合，一個小事件都能引爆，
你就是在人生的這個關口遇上了。

前言

有陽光的地方也有陰影

「你怎麼會憂鬱？」

這樣的問題，即使別人不好意思開口問，自己也會不斷地質問自己。該有的都了，人們所羨慕的、覬覦的也有了，作為一個人們口中的「人生勝利組」，似乎在來到世界的那刻就沒有資格抱怨，更不用提患上憂鬱症的權利。

即使清楚了解相對於那些在社會的浪潮中載浮載沉，那麼努力才能吸到一口氣的人，生命所給予的機會和憂鬱幾乎是種諷刺。但憂鬱症似乎不懂得金錢與階級，不在乎你來自怎麼樣的家庭，擁有什麼樣的學歷，不在乎你是不是一個善良的人，它是防不慎防的魔鬼。

名片與頭銜不管用，於是在醫生斬釘截鐵地告知：「你得了憂鬱症。」那年，還來不及問「為什麼？怎麼會？」，只能丟掉一直以來緊抓不放的，那些人們口中的成功，雙手舉起投降。

對於大多沒有經歷過憂鬱症的人來說，憂鬱症似乎等同難過、悲傷，又或者因為生命中遭遇了重大挫折。生活中有時不順遂與低潮是很正常，甚至是健康的情緒反應，但憂鬱症並不僅僅是如此，它能持續數個月甚至數年，那些你曾經熱愛的興趣和話題再也無法打動你，無法專心也無法放鬆，睡不著也無法清醒。

人們很難想像被憂鬱症的巨網緊緊纏繞、束縛，完全無法掙脫的感受，一個溺水的人，越是掙扎越是往下沉，在那裡，隧道的盡頭沒有光。但我無法給別人，甚至是給自己一個原因與交代，我什麼都有了，但我不快樂，非常的不快樂。

那年我在香港工作，香港步調之快，人們走在路上不寒暄，在地鐵站裡小跑步，因為加班的人多，茶餐廳多營業得晚，高樓大廈密密麻麻地佈滿整座城市，從高處望下，斑馬線上的行人們有如一隻隻的工蟻。也許是那樣高壓的環境，加上對自己的要求極高，每天早上七點前起床，凌晨才下班，工作上每件事都求盡善盡美，每天僅睡兩個小時是稀鬆平常的事情。

從來沒有想過會發生在自己身上。一個再平凡不過的週一早晨，無法下床，說什麼都無法開始一天，整整一個禮拜沒有進公司，即使不是那麼熟識的同事都覺得不對勁，被朋友拉著去看醫生，得到醫生一句毫不猶豫的：「你這是憂鬱症啊。」

在那之後的十幾年，我努力學習與憂鬱症相處，憂鬱時常伴隨著罪惡與恐懼，害怕身邊的人擔心，不願意讓他們看見自己痛苦，也為自己的情緒感到罪惡，覺得自己沒有資格有這樣的情緒。其實，想說這些故事、記錄這些故事，除了想討論如何重新定義快樂以及面對死亡時的反思，也是為了讓人們更加認識這個身心疾病，憂鬱症從來都不是一種選擇，不管是什麼階級與背景的人，都有可能被憂鬱症纏上，沒有「憑什麼」，唯有更多的諒解，其他同樣在憂鬱中掙扎的人才更有勇氣說出口、尋求幫助，了解快樂應該由你自己定義，並不是一套公式，與陰影共舞，陽光也會無所不在。

我約了死亡見一面

二〇〇九年二月，我遇過一場非常令我措手不及的離別，一位昔日的下屬Kevin，在原本跟我相約見面吃飯的當天，出了意外去世了。無常來得這麼突然，他卻連一句道別的話，都來不及說。而且，他才二十九歲！

這件事令我受到很大的衝擊，親眼看到白髮人送黑髮人的痛苦，深刻體悟到什麼是人間地獄。加上當時我正處於努力走出憂鬱症階段，生命的無常及脆弱，更令我有想預寫遺書的迫切感。於是，我開始動筆寫遺書。

內容大致上是希望遺體火化之後選擇海葬，法事則選擇偏佛教跟道教的儀軌等，再來就是公司後續怎麼安排，以及一些簡單的財產分配，還有一些要跟爸媽說的話等。

本來只想簡單交待後事要怎麼處理？財產要如何分配？沒想到當我真的靜下心坐在電腦前面準備開始寫的時候，眼淚竟不由自主潸潸奔流，回想起從小到大，父母給了我多少東西、他們多麼愛我，以前我對不起過哪些人……點點滴滴的人生片段就像走馬燈，從我眼前一一放映。

在那之前，我原本一直覺得自己在金融界很風光，受老闆賞識，業績也亮眼，賺了好幾桶金；而且蠻受異性歡迎，是很多人羨慕的對象，人生可以說一帆風順。沒想到在香港摔了一大跤之後，得了憂鬱症，卻開始連飯也吃不下……

但在寫遺書的過程中，不斷反思著什麼事情對我來說真的最快樂、在人生中最重要？於是清楚明白了，單純追求金錢不是我真正想做的事情。過了幾天，將它分享給爸爸媽媽。我媽看了一直哭一直哭，開罵：「你這是在想什麼？遺書？你怎麼在寫遺書？真是觸霉頭！」我爸則比較開明：「哇，沒想到你已經想這麼開了。」

有意思的是，原本我正在做的一些事跟他們的認知及期待有落差，因此他們並不是很認同，但看完我的遺書之後，尤其是我媽，就真的比較不會叨念了。就我的角度來詮釋，大概是：「兒子都已經能夠面對死亡了，還管那麼多有什麼用呢？你是用你的角度在看我，但卻是我在過我的人生啊！管過多，我們反而會吵架，何必呢？」

這是一個蠻有趣的親子關係的進步。看了遺書，他們知道我對他們的愛、知道我再生命追求的不是世俗的名與利的時候，自然而然就會去調整對我的期待。除此之外，原本對同事或朋友生氣可能會不高興很多天，當寫完遺書之後反而意識到，在生命面前，那些也不過只是雞毛蒜皮的小事，滿腔的怒火頓時消散了。

經過一、二年的沉澱，到處尋找自己真正想做的事，我於二〇一〇年領悟到我想創立一個社會企業，專門來防治憂鬱症。因為我知道那樣的痛苦，也希望幫助人盡可能避免陷入憂鬱。

後來也才會有想把這個寫遺書的過程經驗，以及得到憂鬱症、康復、中間還會復發，如何慢慢透過就醫、學習、調整，與學習身心靈各方面的課程，來進行自我認知與身體調適，到現在幾乎不會復發等心路歷程及經驗，跟大家分享。

因此，我想擴大「遺書」的概念，藉由成大醫學院護理學系名譽教授趙可式曾經提過的「**四道人生**」——「**道別、道謝、道歉、道愛**」，來向生命中曾經與我交會的人事物致意。並對自己許下承諾：從此時此刻起，更加珍惜生命中的每一天。

即使接受自己得了憂鬱症，治療以及避免憂鬱症復發又是另外一回事。作為一個物質不匱乏、如此幸運的人，關上門後，別人看不到的是，擺脫憂鬱症這條路並沒有走得比別人容易。經過許多衝撞後才發現，有時候，暫時躲開、或繞一段路，重新再回來面對，反而可以看清楚自己真實的所在。

也許真正可怕的並不是死亡，而是在活著的時候沒有問自己這些問題，沒有說該說的話，沒有去做一直以來想做的是，好像沒有真正活過一般。寫一封遺書，重新檢視人生，並且每年固定時間重新閱讀、修改，不畏懼地直視死亡，然後在接下來的日子，好好活著。

Part 2

寫封遺書吧：
面對生命的四種練習

每一次跌進情緒裡，都是提取答案的機會，
你需要的安慰、靈感與答案，都在遺書裡得到解答。

如果此刻就死去，你會感到遺憾嗎

很多時候，我們是沒有機會說再見的。這是如此尋常的事，人生中某個時間點，你聽說某個許久不見的朋友，遠房親戚，甚至是非常親近的人，因為意外、生病、或著其他更複雜的原因而離開人世。你想到你們上一次見面的時候，那麼平常的一天，當時的你不知道，那是你最後一次說再見的機會。

如果知道自己即將離開人世，那些你曾經汲汲營營、無法帶走的，似乎也不是那麼重要了。坦白面對自己與身邊的人，或許你才能瞭解到，只有到了生命的崖邊，我們才看得最清楚，在現在及未來的日子裡，什麼才是重要的。預演死亡，寫一封遺書，梳理自己的人生。

寫一封遺書，除了給自己和身邊的人與這個世界好好道別的機會，也能好好梳理人生，畢竟在死亡面前，你只能謙卑。來到世界時沒有攜帶任何行李，人生路上得到的都是幸運，都該感激，而離開時那些帶不走的，曾經那麼在乎、汲汲營營、不願放下的事情，好像也不是那麼重要了。

最重要的人、想說的話，在離開前還想完成的事情，便再清楚不過。有時候我們不是那麼善於表達，該道歉的時候、該感激的時候、該說愛的時候，沒有在最適當的時機表達，我們常常假設對方都知道了吧？卻常常一晃眼就是一輩子，寫遺書便是好好彌補過去錯過那些適當時機的方式。

提早道別

讓關心你、愛你的家人、朋友、伴侶知道，這封遺書代表著你已經思考過死亡，你對生命的結束是做好充分準備好的，雖然身體已經離開這個世界，但是在精神上，一起有過的回憶與共同創造的故事會一直與他們同在。不管死亡將把我們帶向何方，希望還可以再相遇。

明天先到或是無常先到

Kevin：

在天堂的你，日子過得如何？

是否時常和天使們一起騎腳踏車，在雲端奔馳，享受著輕風拂面的溫柔？

雖然已經過了十多年，但夜深人靜的時刻，我時常想起你。

想起我們一起共事的時光，想起你爽朗的笑容，及親切的問候。

在人間，你只短短停留二十九年，讓白髮人送了黑髮人；而且走得這麼匆忙，連一句告別的話都來不及說。

是緣份，讓我成為你人生中最後一個通話對象；也因此，我得以在第一時間，送了你最後一程。

這件事真的很令我悲傷，卻也讓當時的我興起預寫遺書的念頭，畢竟，誰也不知道無常何時會來，因此告別的話，最好提早說……

Kevin曾經是我的下屬，從國外留學回來，年輕又有才幹。二〇〇九年二月的某個星期三，我接到他的電話：「Tommy哥，我想換工作，想請教您的想法及意見，可以約個時間見面聊聊嗎？」

「好，當然沒問題！」然後相約星期五中午一起吃飯。到了約定當天早上十一點，我正打算出門赴約，卻接到Kevin的來電，語氣相當抱歉：「Tommy哥，不好意思，我臨時有事，可能不能赴約。」我回答：「沒問題，我們再另外約時間。」

十二點，手機鈴聲再度響起，來電顯示是Kevin。接通後，是陌生的聲音，而且竟然問我：「你是哪一位？」我不可置信地回答：「是你打給我，怎麼會問我是誰？」他接著又說：「這支手機的主人現在在萬芳醫院急診室。」我回答：「怎麼可能，他剛剛一個小時前才打過電話給我！」

對方彷彿沒聽到我說話似的：「我怎麼也聯絡不到這支手機主人的親戚……」然後

就掛斷電話。一時之間我也不以為意，心裡頭想著：「現在詐騙集團怎麼那麼厲害，可以直接顯示對方的手機號碼！」

但是過了十多分鐘，我的心裡越來越毛，非常不安，充滿不祥的預感。既然剛剛對方提到了萬芳醫院，我就查了萬芳醫院的電話，並直接撥到急診室：「請問剛剛是不是有一個騎腳踏車的年輕人送去急診？」「對！剛剛警察一直在找他的連絡人，但一直找不到！」

確認這個事實之後，再回撥 Kevin 的手機，向對方表明我的身分，對方才說：「陳先生出車禍的時候，身上完全沒有帶任何身分證件，只有這支手機；而你是這支手機最後的連絡人，所以我才打電話給你。你可以想辦法聯絡到他的親人嗎？因為他現在正在萬芳醫院急診室動手術。」

其實我跟 Kevin 只是任職寶來時期的上司下屬關係，根本沒有他任何朋友或親人的電話，不過我突然靈機一閃：「寶來人事部那裡一定會有緊急聯絡人資料！」於是趕緊去電詢問。雖然我已經離職了，但人事還知道我是誰，我快速向他說明狀況，對方也趕緊幫我查調資料，然後給了我一位何姓友人的連絡方式。

我馬上通知何先生：「你好，我是 Kevin 的老闆 Tommy，剛剛警察打電話來通知，Kevin 正在急診室急救。」他震驚不已：「怎麼可能！我們兩個剛剛才一起騎腳踏車欸！」我回答：「但是我已經打電話向萬芳醫院確認過，他都在急診室了！」他說：「難怪我等不到他！」

原來是因為他們一起去木柵山上騎腳踏車，可能兩人的速度不一樣，乾脆約在山下的停車場碰面，再一起吃中飯。可是等了一個多小時都等不到 Kevin，何先生只好自己先行離開。

我說：「請問你認識他父母嗎？我沒有他父母的聯絡方式。」他說有，並會負責聯繫，然後相約在萬芳醫院會合。我匆匆趕到萬芳醫院，直奔急診室大聲詢問：「我要找那個騎腳踏車車禍送來急診的陳某某！」

護理師被我的音量嚇一大跳：「先生，你現在不要那麼激動！」我氣急敗壞地回應：「剛剛警察先生跟我說他正在急診啊！」護理師只好一直安撫我：「先生先生，你不要這麼激動嘛！」後來外面的警衛看不下去，過來跟我說：「先生，你現在先出來一下。」

我根本不想理他：「你叫我出去做什麼？他現在就在急診啊！」一邊說還一邊作勢準備衝進急診室探望 Kevin。警衛和緩地回答：「我明白。你先出來，我再跟你說他現在在哪裡。」無可奈何，只好跟他一起走到門外。警衛說：「先生，你先平靜一下。」然後指向不遠處：「你要找的那個人，請你順著前面那個停車場坡道下去，他在地下一樓下去之後第一個門右轉。」那時候，我心都涼了，大概知道這意味著什麼。

走下坡道之後，看到Kevin的朋友正坐在等待區不斷哭泣，邊哭邊喃喃自語：「Kevin啊！這不是真的！這怎麼可能？」我過去跟他打招呼，但正處於悲慟情緒中的他沒有理會，也一直不理會。我只好繼續往前走。遇到一個員工，請教他：「我是要找一個陳某某，請問他現在在哪裡？」他回答：「他剛剛下來。請往前面走，第三間右轉。」

於是繼續往前走，並依他的指引右轉，聽到頌經聲，敲了敲門。門一打開，原來是二位法師正在為他頌經祈福。房間裡頭燈光昏昏暗暗，彷彿置身另一個世界。只見Kevin躺在那裡，全身覆蓋著黃色的往生被。我問法師是否可以看看他？法師回答：「可以。」

掀開往生被時，看到Kevin全身是傷的模樣，震驚得差點昏厥。我彷彿正在作夢，不敢相信發生在眼前的事實。法師建議我：「你可以跟他說，請他好好走，下輩子再來好好來做人。」我照做，並且順便向他說一些告別的話，然後就走到外面的等候區，和他朋友一起等著 Kevin 父母的到來。

等待的時間，既哀傷又漫長，我想試著打破空氣中凝重的窒息感，再次向何先生搭話，但身陷在巨大悲痛之中無法自拔的他，依然沒有心力理會我。後來沒多久，Kevin 的台北友人陸陸續續到來，我們一起等了大約一個多小時，從高雄搭高鐵前來的 Kevin 父母才匆匆抵達。

只見 Kevin 的媽媽一路哭，哭了之後昏倒；大家將她攙扶起來，她醒了又開始哭，哭了之後昏倒；再扶起來，繼續又哭又昏倒……因為我是外人，只能坐在旁邊看著這一幕。不禁想起以前看武俠小說裡述說人間地獄時，無法想像那是怎樣的景況。但那個當下，我看到白髮人送黑髮人的悲痛，才真正了解什麼叫做「人間地獄」。

這件事對我的衝擊太大，回家之後還是覺得很傷心。晚上跟父母吃飯，聽我訴說完這個事件之後，父親安慰我：「你不要太難過了，這可能就是你跟他之間的緣份，你註定要成為他最後一個通電話的人，所以要去送他最後一程。」聽了這番話，我才稍稍感到釋懷。

不過隔了兩天之後，我還是悲傷得不能自已，畢竟 Kevin 年紀輕輕，才二十九歲，怎麼這樣離開了，真心無法接受。後來得知他父親是高雄威士忌公司的老闆，而且還是家中的獨子，難怪他的父母如此哀痛逾恆。

這場意外的死別讓我十分感慨：「Kevin 這麼年輕就走了，而且走得這麼突然，一句話都沒能留下來。那麼我是不是也該先簡單交待一下後事，畢竟誰也不能預料無常什麼時候會來？」於是，我興起了想先寫遺書的念頭。

您怎麼捨得不說一句話就走

敬愛的白董：

您一直是我最景仰的長輩，對我提攜、愛護有加，教會我多豐富多元的金融知識，讓我得以站在巨人的肩膀上，昂首前進；並以高貴的身教，讓我學習寬厚、包容的處世之道。

可是，您怎麼捨得不說一句話就走呢？

您無預警的不告而別，我不是唯一傷心的人，您的家人、親友，以及寶來大家庭的所有員工們都難以承受。

即使您已離開十多年了，想起您時，悲傷的感覺卻絲毫沒有因歲月的流逝而稍減。

我想，我大概得帶著這份思念的沉痛，走完下半輩子……

二〇〇〇年的時候，我剛從美國留學回來，還沒有進去寶來工作。後來白文正總裁啟動了一個培養董監事二代的計劃，所以二〇〇二年的時候，我被聘任到寶來就職。

當時的總經理是周筱玲，後來元大寶來合併，她現在在元大期貨榮升副董事長。白文正總裁對年輕人的培訓一向非常重視，會親自帶新生。我們每超過三個月一期，大約二十幾個人一起去金山參加類似軍訓營的新生訓練，然後請外部的顧問公司來教我們什麼是團隊合作，透過玩一些遊戲、上一些課程來凝聚向心力。印象最深刻的是，其中還包括赤腳過火，用意是要訓練我們勇敢克服恐懼，有那麼一點斯巴達的感覺。

大概是因為我們對於新進員工的訓練的確是很棒，會傳授全方位的財經知識，後來業界居然有個傳說，一位證券公司的營業員，到別家證券商應徵錄取了。但對方居然建議他：「你要不要先去寶來？你先去寶來受訓完之後，我們再聘請你。」那家公司就是就是打聽到我們訓練員工的方式，才說出這樣的提議。

雖然這聽起來很好笑，但卻是真人真事。為什麼我會知道呢？因為當事人在寶來受訓完之後就留在寶來，然後把這件事說出了來。

從寶來出去的人都很優秀，因為被栽培得很好，大家搶著要，所以有句話叫做「寶來滿天下」。我們現在還有個成員都是以前寶來同事的群組，現在散佈在全台灣所有金融界，在群組裡大家會彼此問候互相關心，分享一些市場的狀況，或誰誰誰高升之類的近況。

本來公司對員工的好，我會覺得理所當然，但是後來才知道白董對於員工的厚道與疼惜遠遠超過一般公司老闆應該負責的程度。舉一個令我印象深刻的例子來說好了：

在手機還沒現在那麼發達的時代，有一種造型有點像 B.B. Call、但螢幕再更大一些的股票機，可以用來看股票行情。那時候我們在辦一個促銷專案，打算用股票機當作活動贈品，白董的一位特助以為白董會同意，私下先訂了一千台，價值高達好幾百萬。

後來那個提案被白董否決，但廠商卻已經把貨送過來了。白董很生氣，當場把他臭罵一頓，要他自己想辦法把貨退掉。他只好求爺爺告奶奶請廠商原諒，後來可能透過他自己自掏腰包，買了一些什麼東西之類的，廠商才同意退貨。

這種老闆還沒同意，就擅作主張訂高達幾百萬的貨品烏龍，如果發生在別家公司，應該早就被解僱了，沒想到後來老闆居然選擇原諒他，讓他繼續留在寶來。當然這跟他已經跟了白董很多年，有他一定程度的忠誠度不無關係。

白董念舊情，從另一件事也看得出來。寶來有一些已經工作一、二十年的老員工，說實話，其中有些人因為年紀的關係，或許已經無法有相對的業績，但白董還是會另外安排職位讓他們在公司養老，很有人道精神。

他對員工的寬容、對員工的愛護，還展現在每年都會親自帶一些績效優秀的員工，像是一些大部門的優秀主管或副主管去旅遊，很重視大家，把我們當作是一個大家庭。

因為他是白手起家，他知道那種打拚的辛苦，所以辛苦歸辛苦，他也會相對地拿出等同、甚至更多的獎勵來犒賞你。

而且白董非常好學不倦。他每年自己都會去歐洲、美國二、三趟，去請教美國最大的銀行或金融機構，學習新的金融商品，所以台灣為什麼今天會有 ETF（Exchange Traded Fund，中文稱為「指數股票型基金」）、選擇權，都是他帶領進來台灣的。

將新的金融商品帶進台灣的過程，其實也不是那麼容易，畢竟台灣的官員有一定程度的古板，白董不惜花費很多的時間及心力，開課向幫官員們解釋什麼是 ETF、什麼是選擇權，以及其他很多新的金融性商品等。除此之外，例如光是為了讓一般大眾也能認識什麼是選擇權，我們在台灣就開了一百多場的說明會。

現在台灣除了股票、期貨之外，後面所有新的金融商品，幾乎全都是他帶進台灣的。他願意一直突破自己，這就是他的執行力、他的創新，所以白文正先生有一個「新金融商品教父」的美譽。

二〇〇六年那時候的我，已在承銷部擔任四年多的主管，專門在資本市場輔導公司上市上櫃。我過去成功完成許多跨國與香港的上市與募資案件，也在香港建立了一些名聲與人脈，所以白董請我出任寶來證券香港分公司的總經理。我真心很感謝白董對我的肯定及抬愛，最後選擇由我出任。

其實白董一開始叫我出任香港總經理的同時，也要我兼帶領台灣的國外部，Kevin就是那時期在國外部的下屬。坦白說我不是那麼喜歡香港，所以待在台灣的時間比較多。但老闆覺得這樣下去不行，因為香港是我們想要中心發展的跳板，大家都想要前進大陸，希望我待在香港的時間可以多一點，不過我實在忙不過來，兼任兩邊半年後，只好向白董反映我的窘境，他點頭同意我放掉國外部，專心去處理香港那個區塊。

於是我從一個本來只帶一個部門五、六個屬下，到香港變成要帶六個部門九十多個屬下，壓力很大，非常非常大。在台灣我根本什麼都不怕，但到了香港，人生地不熟、法令也不熟，感覺就是有點綁手綁腳。舉例來說，如果有人向我提一些商業建議，坦白講我也不知道到底可不可行、有沒有觸犯到法律；如果觸犯到法律，很多商業的可能、業務上的想法，就比較不能去發揮了……

除此之外，香港的金融法令與人事制度管理起來很吃力；而且我有很多部門的事情不是我想要或是喜歡做的事，所以在香港時候，求好心切的我每天工作十四～十六個小時，持續高壓工作了快一年，身心俱疲，得了重度憂鬱症。後來白董知道這樣的狀況，也二話不說，讓我回台灣好好休息，他真的是對下屬非常非常體恤，令我十分感動。

對我來說，白董一直是令我十分尊敬的長輩，同時也是對我提攜、愛護有加的老闆，從他身上學習到豐富多元的金融知識與高貴的待人處事氣度，真的很感謝他。沒想到這樣令人景仰的長輩，卻在二〇〇八年七月二日，選擇不告而別，令大家措手不及，無比震驚、哀傷。

白董這樣一轉眼就無預警就離開了，加上Kevin的事帶給我的巨大衝擊，讓我深切意識到人生無常，更加思考：「人生除了賺錢，還有什麼事更重要？我剩下的人生，到底該做什麼事才好？」當然中間也尋尋覓覓，後來才碰到社會企業，然後才找到一個前進的方向。我，還在路上。

✦ ✦ ✦

說實話「金錢」跟「快樂」本來就不見得能畫上等號，這個道理大家都知道，但畢竟有錢還是可以享受比較多的東西，這點無庸置疑。因為我們活在資本主義的社會，沒有錢是萬萬不能，所以我並沒有說努力賺錢不好，賺錢的確很重要，只是希望大家不要迷失在純粹追求物質享受的迷思裡。

我想強調的重點是，就算你再不喜歡，還是要懂得學會基本的存錢、再用錢賺錢的投資理財觀念。當然錢不見得會是使你快樂的來源，但至少你不需要為了錢而痛苦煩惱，畢竟還是有些人會因為錢的問題而想不開。

所以，我在這裡分享一下簡單的理財概念。前提是，你要先存錢。先有一筆小錢，才能進行投資。比如說你存了十萬元，如果你要保守一點，可以去買一些債券基金。

再來就是要看可運用的資金有多少，比如說你今天有一百萬，那你可能要保留二十萬現金保本，其餘80％你要怎麼去分配？比如說你可能拿五十萬，進行比較穩健保守的投資，或買保險、買基金，買有高配息的ETF等。

簡單來說，投資想獲利，先要了解三個重要的觀念：

- **進場時間點要正確**

什麼是適合進場的時間點？比如說大盤大跌的時候、或是一些債券剛發行的時候，你得自己做功課，多看一些文章、多看一些訊息，再作判斷。

・不要隨便受到市場影響，買進買出

很多人在股市栽跟頭，就是因為喜歡當沖。當沖或許很刺激很好玩，但坦白說一波這樣突然跌下來又突然漲上去，中間可能就掛點很多股民，只因為追隨了不該追的風潮。

・就是要懂得怎樣利用複利的觀念

如果你今天不要去管那些波動較大的股票，而是買一些穩健的股票，買了之後，它每年會配股配息，再持續買進，那麼理論上，如果你去年就是4%～5%的話，那十年就可以翻一倍。你要懂得什麼是複利的觀念。

如果你真的把這三個觀念好好地了解清楚，然後選二、三支好股票，慢慢買慢慢買不要貪心。比如對於像當年一開始就買鴻海、台積電等好股票的人來說，現在的獲利也很驚人，但大部份的人是沒辦法預卜先知，所以自己要努力累積投資理財相關的知識，以及觀察社會脈動。我非常推薦大家去看華倫·巴菲特的書，去了解什麼叫做價值投資。

總之，你如果今天還有收入的話，你的資產配置要先有一筆錢，可以先做一個金額的分配。先分配清楚之後，再照我剛剛講的那三個觀念去選標的。祝福大家都能成為財富自由的人！

及時道歉

一生當中有時無心說的話、犯的錯卻造成身旁的人永久的傷害，因為顧及面子沒有道歉，又或著是時隔太久，覺得不好再提起，於是繼續相安無事的過日子，好像什麼也沒發生過一般，一句「對不起」一直沒說出口，到離開前都不確定自己是不是被原諒了。同樣的，告訴你愛的人你已經原諒他曾經犯過的錯，如果你離開了，他不必為過去所犯的錯感到罪惡。

對不起，我實在太不懂得感恩了

Dear Jim：

自從高中畢業以來，我們就斷了音訊，不知道現在的你，過得好不好？

如果有扇「尋人任意門」，讓我轉動門把就能見到你，那麼，首先我想正式向你道歉，再深深向你致謝，然後，如果可以，我想給你一個大大的擁抱。

回想起年少輕狂的我，會用拳頭解決問題、也曾因不懂事而犯下過錯。所幸在犯錯之後，都能立即接受應有的懲罰，並有自我反省及修正的機會，讓我往後的人生，還能走在正途。

但萬萬沒想到卻因一時的情緒發洩，導致一輩子的遺憾——當我因偷車被整個城市驅逐，無可奈何必須回到原來學區就讀，但沒有地方住的時候，感謝你說服你爸媽收容我，在我最需要幫助與理解的時候給我最溫暖的支持。而不懂事的我，卻沒能克制躁動的情緒，居然在學校向別人抱怨你媽媽對我管教太嚴。

事隔多年才知道，原來那時候不小心被你聽到了！原來，這是我們變得疏離、甚至失去聯絡的真正原因……

回想起來，我實在太不懂得感恩了！將心比心，當時的你，一定感到很受傷。我不奢望能得到你的原諒，只希望有機會能正式向你道歉。

對不起，也謝謝你。

在學校裡，我一直是個乖寶寶，但私底下卻有瘋狂的一面。或許是因為平常壓力太大，習慣自我壓抑的緣故。實不相瞞，我的脾氣超爛，到了四十歲還偶爾會打架。仔細回想，人生中第一次打架，是在我國中的時候。

✦ ✦ ✦

我很小就自己一個人到美國了。爸媽在望子成龍的心情之下，把小學剛畢業的我送到美國讀書。而爸爸那時候正在打拚事業，沒能陪我一起去美國；弟弟年紀還小，需要媽媽在身邊照顧，因此讓我隻身前往，住在寄宿家庭裡獨立生活。

剛到美國的時候，人生地不熟，英文又不好，老是被人嘲笑與欺負。這堪稱人生第一場風暴，為我帶來極大的挫折感。小學時期，我一直是個品學兼優，老師愛、爸媽疼的好學生，作夢也沒想到有朝一日居然會遭受這樣的對待！

但我不想讓爸媽擔心，卻也沒人可以訴苦，只好自己默默忍耐著。直到有一次再也受不了了，終於忍不住跟別人大打出手。

沒想到隔天到學校，我卻成了風雲人物，原來是因為大家會討論昨天誰誰誰打了架，誰輸了誰贏了。輸贏的判定基準很簡單，是看誰受的傷比較少，所以我算是打贏的那一方。這場用拳頭搏得的勝利，彷彿為我開啟了一條生存之道。

✦ ✦ ✦

國中正處於青春期。這段重要的個性養成期，爸媽不在我身邊。在學校，我的功課非常好，雖然也會有些課業表現正常的好朋友，例如 Jim Shen，不過主要結交的卻是以一些愛玩，甚至被學校當掉、踢出去的孩子居多；主要是因為我不喜歡競爭、不喜歡跟人家比較，跟愛玩的朋友在一起不會討論功課，更不會討論一定要做什麼，才能去得到老師或同儕的認可，所以相處起來是沒有壓力、相對自在的。

記得那時候是一九八〇年代，周潤發的《英雄本色》、《古惑仔》這類電影，在洛杉磯的華人圈也是大受歡迎，在錄影帶出租店、綜藝節目、電影院，都可以看得到，而我們這些血氣方剛的少年們，大家都想學山雞、陳浩南……

升上高中，我念的是很好的學校。偶爾會打架，由於都是在校外打，並沒有被學校發現。不過媽媽不喜歡我愛玩的朋友，所以高二的時候幫我轉學到一個全新的學校，但還是有跟監護人住。

那時候我在聯校聚會中，認識一個比較愛玩的朋友，有一天和他相約一起蹺課。在沒有目的的亂走之下，來到一個停車場，那時很無聊，就隨意亂拉車門，沒想到其中一輛車的車門居然被拉開了，而且我們竟然在車內找到備用鑰匙。朋友說：「嘿，我們把車拿去賣掉，把錢分一分好不好？」

那時候我剛升高二，才十七歲，還很不懂事。因為當時的零用錢很少，自然而然回答：「好啊。」完全沒有道德觀念，完全不會想。然後我們就發動油門，把車開走了。

到一個加油站時，朋友跟我說：「你在車上等我，我去打個電話。」大約是要安排人來拿車吧，說完就下車去打電話了。等候的期間，突然躍躍欲試了起來，心想：「我從來沒開過車，不如就來試試看吧！」沒想到車子一發動就暴衝，立刻撞到隔壁的車輛。

加油站員工都是體型很壯碩的老外，看到這樣就衝過來察看狀況，讓我只想更快把車開走落跑。沒想到其中一位員工簡直不怕死，為了阻擋我駕車逃逸而直接跳上車蓋，我也只好停下車來。接著他們把我從車內拉出，直接打電話請警察把我帶走。

在警察局做筆錄的時候，雙手被銬住的我淚如午後雷陣雨，嘩啦嘩啦一直狂下，鼻涕也奔騰得像擋不住的土石流，不斷反覆想著：「怎麼會這樣？」警察見狀，無奈地跟我說：「這樣好不好，我們把你的手銬鬆開，讓你擦鼻涕，但你要答應我，不可以動粗。」我說：「好」。

做完筆錄，警察就把我送進看守所，也就是青少年監獄。到了那裡，就像電影那樣，全身衣服要脫光，先去洗澡，然後蹲下來咳嗽（因為怕藏有毒品），接著換上那裡的囚服，送我進囚房。

由於我還沒被判刑，所以有獨立的房間。當晚在房間裡，我百思不得其解：「我怎麼會搞成這樣呢？到底是為什麼會這樣呢？明明我一直以來都是品學兼優的好學生啊！」後來我問警察：「像我這樣偷車，可能會被判多久？」他回答：「你這偷車是很重的罪，可能會被關個二、三年吧！」

真的很奇妙，我一聽到，第一時間思考的居然不是出去後功課要怎麼追進度，而是：「既然要被關二、三年，那我在裡頭絕對要想辦法混到最大咖！」所幸第二天早上，我的監護人就來幫我交保了。當然他們不會給我好臉色看，而且馬上就通知我媽。她一接到通知，過兩天馬上就從台灣趕過來了。

雖然我被交保，但警方規定我不能出門，除了上下課定一定要乖乖待在家裡。雖然不需要戴電子腳鐐，但有位保釋官隨時會打電話到家裡看我在不在，有時是早上、有時是凌晨，有時也會下午，時間不定，看他心情。但無論在什麼時間，我都得接到他的電話才行。

那段期間，我媽邊幫我處理法律問題，邊痛心地問說：「你怎麼會搞成這樣？」我茫然地回答：「我也不知道，我也沒在想。」幸好媽媽聘請了一個不錯的律師，幫忙向法官求情，後來只被判三個月的義務勞動，此外還有二年的觀察期。

那三個月，我只能從家裡到學校，不能到其他地方。假日的時候，另外要到一個地方報到，一到就會立刻被搜身，不能帶錢，連衛生紙都不能帶。搜身指的是連鞋子，襪子都要脫掉的那種，就怕我在身上藏任何東西。接著上一輛大巴士，載著我跟一群也是犯罪的青少年們去公園、橋下等地方撿垃圾，做義務勞動。

最戲劇化的是，我們偷的那輛車車主，居然偏偏是我新學校的員工！於是這件事被傳遍了整座洛杉磯爾灣城市，整個城市裡沒有一所學校願意讓我轉學。沒辦法，只好再度轉回原來的學校。

回想起這起事件的點點滴滴，不得不感謝冥冥之中的菩薩保佑，在我正要走偏的時刻，用這樣嚴厲的安排給我當頭棒喝；我犯下的錯，讓我自己規規矩矩地承擔了，經過充分的自我反省之後，有重新再出發的機會。此外，由於我是在學期中轉出又轉回原來的學校，因此在學籍上看不出曾經轉學，後來才得以申請到柏克萊大學建築系，也算是值得一提的巧妙幸運了。不過，這個事件當中卻藏著另一個遺憾……

✦ ✦ ✦

其實那時候蠻慘的，不光是整座城市的學校不收留我，連原來的寄宿家庭也拒絕繼續當我的監護人，眼看連住的地方都沒有。所幸高中好友 Jim 在此時最需要幫助與理解的時刻，給了我最大支持，極力說服他爸媽收容我，讓我轉回原來的學校之後，有個棲身之所，得以安穩地重新生活。

但卻不知從何開始，倆人之間像突然隔層透明的低溫空氣牆，讓原本親近的我們，變得疏離。過沒多久，剛好我弟小學畢業，也要來美國上學，於是媽媽決定在當地買房子，再請外婆從夏威夷過來同住，就近照顧我們兄弟倆，因此搬離了 Jim 家。那時候已經高三，課業繁忙，便沒有再多作思考我和 Jim 之間究竟出了什麼問題？

後來我就讀加州北邊的柏克萊大學，聽說 Jim 則是就讀加州南邊的大學，彼此斷了音訊。曾經親近的好友卻不再往來，我的心中一直相當失落。過了很多年之後，跟朋友聊天，提到 Jim。我悵然若失地說：「真的很可惜，不知道為什麼，後來就跟 Jim 失去聯絡了。」

那位朋友才緩緩道出：「你還記得高中的時候，有一次你在學校向別人抱怨 Jim 的媽媽管太嚴，很機車的事嗎？」他頓一下，接著說：「那時候 Jim 剛好經過，不小心被他聽到了。」

聽到這個事實的當下宛如晴天霹靂，真的覺得很對不起他：「Jim 都沒有跟我說！希望能有機會可以正式向他道歉！」我開始試著在 facebook 上搜尋、聯絡，都找不到他。聽說他在加州當工程師，都沒有在使用臉書，沒能成功聯絡到他。

現在回想起來，當時的自己，實在太不懂得感恩了。將心比心，Jim 當時那麼挺我、那麼願意接納我，拜託他爸媽讓我一個陌生人去他家住。他們一家三口本來過得安適自在，卻突然要完全接受一個陌生人住進家裡、還要照料三餐，其實那個壓力及責任是很大的，而我最後居然還這樣嫌他媽媽、在背後抱怨他媽媽機車，他聽到的時候一定覺得很受傷！

沒想到一時的情緒發洩，卻可能導致一輩子的遺憾。同時我也深深意識到，在活著的時候，有機會、有能力，就要趕快去做應該做的事，「及時道歉」就是其中之一。

暖暖道謝

我們來到世界時是一無所有，這輩子所得來的一切都是生命的禮物，尤其是那些帶給你歡笑，帶給你幫助，讓你感到被愛、被了解的人，當你一一細數可以感謝的人和他們所為你做過的事，不管是多麼細微的事情，一句話、一個擁抱、一個笑容、一通電話，你才發現自己的人生是被祝福的。

教我提高眼界的人生貴人

Dear Ben：

相識多年的我們，如今的默契好到不需過多言語溝通，像是前一陣子因為疫情大家都在捐物資，我也號召我的朋友共襄盛舉，立刻用Wechat問你：「Ben，我想要捐氧氣罩給醫院，你有沒有興趣？」你馬上就回：「好啊，我支持你〇〇〇〇〇元。」這樣二話不說的義氣相挺，真是既暖心又感動。

都已經這麼熟了，雖然有點肉麻，但還是忍不住想誠摯地向你道謝。

那，就來場直球告白吧。對我來說，你就是我人生中的貴人。

很感謝你在我低潮的時候，給我一個新的刺激，帶著我參與CNEX。在跟你四處看影片、開會等過程之中，我看著你如何圓融地解決棘手的難題、看著你如何堅定而條理分明地向可能的贊助者擘劃這個平台的藍圖及願景……整個過程中，你一次次提高我的眼界、把我從一個境界提昇到另一個境界，讓我見識到什麼叫做真正的「做大事」。

因為有你，我接觸到紀錄片，才會碰到《音樂人生》，才會有後來的「用心快樂」。

我有一個小我五歲的弟弟，我剛去美國讀書的時候，弟弟在台灣念小學，後來我念高中時他才來美國，只住在一起一年，然後我就去念大學、住校了，所以多處於分開的狀況。知道彼此都很愛對方、也理解對方，但就不會那麼親密。比如說我們不會玩在一起，也很少相約出門，親而不密。

身為長子的我，沒想到二十歲之後，可以結交到你這位如同大哥哥般的好朋友。

該怎麼形容這種感覺呢？當我有需要的時候，你怎麼會知道我的需要？就是你會偶爾打電話關心我嗎？不是。應該是說知道有你的存在，會覺得自己有一個靠山在那裡，很有安全感。我會知道，如果自己有狀況，這個哥哥就是會幫助我，會願意跟我聊、花時間跟我溝通。

你對我來說，就是那種靠山的感覺，既穩重又溫暖。

你不只在知識上、在心理層面上，還有在人生道路上，對我的影響都很大。一切的一切，感謝有你。

蔣顯斌（Ben Chiang）和我，雙方家庭是世交，從小就知道彼此的存在，但在我二十歲之前，卻不曾見過面。主要因為我小學畢業就到美國讀書了，略長我幾歲的他，台大機械系畢業之後，也到美國史丹福大學攻讀機械工程碩士，在研究所期間和朋友一起創立了「新浪網」。大家各忙各的，待在台灣的時間都很少。

第一次見面的機緣，說來很感謝我父親的促成。有一回恰巧倆人分別回台度假，我父親便約雙方家庭一起聚餐，一方面長輩們可以敘敘舊，另一方面也讓晚輩們有機會認識對方。我和他一見如故，因為很談得來，彼此一直保持聯繫。

大約是二〇〇七年左右吧。那時我已經回台灣發展，突然有一天，蔣顯斌約我見面，聊聊他現在的新計畫。原來，身為新浪網創辦人之一的他，二〇〇〇年將新浪網經營到成為納斯達克上市公司、股價一度高達五十九美元，後來面臨互聯網泡沫化股災的空前危機，為了員工們的生計，他沒日沒夜地工作，才總算化險為夷。接下來幾年更是全力拚搏，帶領新浪網湧現全新浪潮，在中國市場衝出二、三億用戶，但身體卻累壞了、心臟也因過勞而提出嚴重抗議，二〇〇四年的心臟手術，讓他躺在病床上三個月之久。

高倍速運轉的步調突然被迫按暫停鍵，蔣顯斌深切體會到：「原來人生如此無常，而生命又如此脆弱，接下來的自己，是不是應該選擇做自己喜歡的事？」於是他決定離開新浪網，重啟自己的新人生。

首先，他以圓夢的心情拍一支紀錄片，但過程中意識到世界變動得這麼快，如果想從不同觀點留下時代的真實記憶，同一個時間，應該不能只拍一部紀錄片。「如果一年拍十部，那麼十年就有一百部了！」這樣的想法，讓他決定找朋友成立「CNEX」基金會。

CNEX，即 Chinese NEXT，是由兩岸三地熱愛紀錄片人士組成的非營利性質民間文創組織。二〇〇六年成立，期許從二〇〇七年起連續十年，每年選定一個與華人社會密切相關的主題，徵選出十個企劃案，邀請華人地區的紀錄片工作者進行拍攝，一起創造出年度深具影響力的作品。這個高格局夢想藍圖，需要籌募大量資金作為營運基礎，創辦人之一、同時身兼董事長及執行長的他，為了實現理想四處奔走，尋求企業贊助。

聽了蔣顯斌的介紹，剛好我也覺得很有趣，開始跟著他看影片、四處參加影展。《音樂人生》雖然是二〇〇八年的案子，實際上我是二〇〇七年就知道這個事情，對這部影片超級喜歡，才積極介入。開拍之後，還要剪接、後製等，所以《音樂人生》二〇〇九年在香港上映，二〇一〇年一月才在台灣上映，有時間差。而我贊助支持 CNEX 大約是二〇〇八年底二〇〇九年初，算是早期的贊助商之一。

其實我那時候已辭去香港寶來證券總經理的職位，正因憂鬱症的緣故處於休息的狀態，比較有空，所以時常會跑去上海、北京找他，想多加了解並看看有什麼是我可以協助或幫忙的部分。很感激的是，他對我說：「你來的時候，就住我家吧！」大方地邀請我和我女朋友到他家住。

蔣顯斌是個穩重的人，也是一個溫暖的存在，知道我身心狀態不好，卻不會一直逼我出門、強迫我出去玩。那時也很忙碌的他，若有什麼會議要開、或要討論什麼事，就會主動問我要不要參加？巧妙地轉移我的注意力，讓我不致一直陷在憂鬱的思緒中胡思亂想。在我有需要的時候，他就是會用這樣的方式來照顧我、帶著我。

除此之外，在這個過程中，我也很感謝他，因為跟著他去參加這些會議，我看到他在看事情的層面以及高度，真的就是眼界不一樣，讓我又提升一層。

因為我是業務型，比較衝的那種，而他是在做紀錄片，面對的都是來自各方很有想法的導演、編劇等人，每個都是很優秀、很有主見的人物，如果依我以前的脾氣，可能談一談沒有共識就不再強求了。但他不一樣。為了實現自己的理想，他會去思考，該怎樣更圓融地去處理這些問題跟挑戰。這真的很不容易，因為他以前也沒有接觸過電影，對他來說也是全新的領域，他也還在學習。

有時候跟贊助者聚餐，他也會拉我去參加。那又是另外一種經驗。那個場合不同於平時與朋友聚餐，較類似慈善機構的募款餐會，在座的都是可能的贊助者。也因為在這場應酬當中，面對的都是對文化有興趣的富人，你如何透過輕鬆的閒聊來精確傳達CNEX的理念與規劃，並在杯觥交錯、把酒言歡之中掌握全局，那個氛圍跟我們平常談生意很不一樣。他帶著我到另一個世界，並提昇到另一個境界。那也是我很感謝他的地方。

CNEX每年會舉辦國際論壇。他後來發現，台灣很多年輕導演可能有很棒的故事，卻不懂得如何提案，於是便舉辦一系列的論壇工作坊講座，邀請超過四十位國際紀錄片發行商、公共／藝術電視台製作人、獨立製作人，來教這些年輕導演怎樣提案。

值得一提的是，這個論壇並不一定是曾經參與過CNEX的導演或相關電影人、紀錄片人士才能參加。有些人是他邀請來的，等於也是利用這個機會，讓國外紀錄片的人士跟亞洲區的紀錄片人士交流，搭起華人世界紀錄片工作者與國際接軌的橋樑。我覺得這真的是很了不起。

那也是讓我覺得，他今天真的是站在一個很高的角度，來提升整個產業的水準，他的自我定位就是要成為整個華人區的紀錄片平台。我也相信正是因為他的努力，整個華人紀錄片水準才因此大大提昇。說穿了，他拉高我的眼界。讓我看到，所謂「做大事」，不只是為了賺錢，也是為了提升整個人文素質跟產業水準，這才叫做大事！

✦ ✦ ✦

當我們在一起發行《音樂人生》的時候，也像是戰友一樣。

那時候台灣沒有人願意發行這支影片，也找不到發行商，然後還有技術性上的問題。後來總算一一克服了，也風光入圍三項金馬獎，因為蔣顯斌知道我在台灣的貢獻，特地邀請我一起出席金馬獎，結果沒想到三項都得獎了！

這支紀錄片確實是由 CNEX 贊助、促成拍攝完成的，他大可獨佔那份光彩，而我只是台灣的一個上班族，沒做過電影，雖然後面我有翻譯字幕、參與行銷，但他不但邀請我一起出席，更主動邀請我一起上台領獎，這份暖心，令我十分感動。

在台上我們三個人都有輪流講一段話，我們都非常喜悅。後來票房也是真的還不錯，開啟了台灣另一波紀錄片的上映熱潮，可以說是我們三個共同創造出來的，那一段過程對我來講就是很特殊、很值得珍惜的記憶。

我們從本來只知道對方的存在，到真正見面、認識對方，到相知，然後在一起打拚，再創造出一次得到三座金馬獎的成就，從那一刻起，就變成有點像是惺惺相惜的感覺，你就知道彼此在有需要的時候，一定可以找對方，因為我們是一同經歷了種種挑戰，也一起克服了很多困難的戰友，累積出了革命情感。

✦ ✦ ✦

當然，我們也會聊天。他跟我聊他創業的過程、聊他遇到的問題，我也會跟他說我之前的狀況，他就會開導我，勸我一些事情。他離開新浪網的過程跟我離開寶來有點類似，都因為被現實環境與壓力所拖垮——他心臟開刀，我則是罹患憂鬱症。

他以過來人的身分，語重心長地對我說：「有時候身體出狀況不一定是件壞事，這是老天爺給你的一個很大的警告：『你必須要調整你的生活型態了！』同時也是一種人生的轉折，讓你反思：『到底對自己來說什麼是最重要的？』」

我看到他不是用「好吧，那我就退休在家躺一輩子！」的消極態度面對人生轉折，而讓我看到他如何接受自己的現況、看到原來人生也可以用另外一個方式去過，找到自己喜歡的一個項目，然後再去思考怎樣把它商業化。

現在很多人會感到焦躁、焦慮，就是因為大家會被環境影響，沒有經過靜心訓練就很容易會被帶走。我覺得這可以提醒大家，尤其是像我這樣從憂鬱症康復的過來人，就是必須花時間靜下心來，想想自己真的喜歡什麼、不喜歡什麼，找到適合自己的生活速度。當你越了解自己，在作選擇的時候會越清楚自己應該選擇什麼方向，這樣才不會陷入那麼焦躁憂鬱的情況裡。

他不只在知識上、在心理層面上，還有在人生道路上，蔣顯斌對我的影響都很大。很感謝他在我低潮的時候，讓我有一個新的刺激，因為有他，我才會碰到《音樂人生》，才會有後來的「用心快樂」。我很感謝他。他真的是我的貴人。

成就《音樂人生》，也改變了我的人生

Dear Tommy：

有些放在心裡很久的話，這時候，想跟你說……

時間過得真快，「用心快樂企業」自二〇一〇年成立至今，已經有十來年。公司的營業狀況，二〇一七年開始，總算轉虧為盈了。能堅持到現在，並有這樣的好成績，真可說是托你的福。

這絕對不是客套話。

我永遠不會忘記，二〇一〇年元旦，《音樂人生》在台灣第一場首映會，就是由你包場，廣邀哈佛校友會會員及長春藤學院的校友們一同觀賞。

不瞞你說，雖然首映被你包場，確定會有實質的票房收入，但其實當時我真的很擔心。畢竟當天是元旦，前一天晚上大部份的人應該都有自己的跨年活動，很有可能都是徹夜未眠的。這些受邀觀影的朋友們，真的會有體力、精神及興趣，出席這場既不是大卡司、也不是大製作的香港紀錄片首映場嗎？

不過我心裡清楚明白，無論出席人數多寡，都萬分感激你的情義相挺。

令人欣喜的是，現場座無虛席，口碑也因觀影朋友們的正面評價而大大延燒。堪稱是我「用心快樂企業」的創業作的《音樂人生》，因為這場好的開始而大獲成功，給了我無比的信心及希望。

更不用說你每年都會購買用心快樂的商品當作節日送禮，這份溫暖的心意，正是支持我即使營運上遇到挫折，也不輕言放棄地繼續努力的前進動力。

雖然我們到現在還一直都是常約吃飯、分享見聞的好朋友，但每次見到你的時候，總有一股暖意從我心中潺潺而流。

謝謝你，親愛的好朋友。

我憂鬱症康復後，不想回金融界工作。但那時才三十七歲，總不能整天無所事事，於是開始到處看看有什麼商機。就在這時候，恰巧好朋友蔣顯斌來找我。

他是新浪網創辦人之一，因為過度勞累，身體垮了才離職，二〇〇六年成立CNEX基金會。CNEX是專門提供新一代紀實創作者與其文藝作品創作、交流的平臺，目的是幫助更多兩岸三地的華人拍攝紀錄片，作為「給下一代太平盛世的備忘錄」。

也因為蔣顯斌的緣故，認識了一位他在李連杰的壹基金上班的朋友，二〇〇八年，這位朋友特地邀請我前往北京，參加由壹基金召開的「中國全球公益慈善論壇」。受邀參加的對象包括全球球各地的專家學者、NGO代表、企業代表等，一起共同探討與慈善公益事業相關的各類話題。就在這場論壇上，我第一次聽到「社會企業」的概念。

我以前在寶來負責承銷，輔導公司上市上櫃，看過很多不同商業模式及不同策略，因此培養了良好的商業直覺。經過一番深思熟慮，覺得這真是個好主意，不但可以解決社會問題，又可以賺錢營利，而不是單純只為了賺錢去投資一家企業，非常符合我當時想要做的事情。

接著思考：「那如果自己要做，我要做什麼？」評估一下，當時台灣整個社會環境都在推動文創，我覺得可以把文創和公益作個結合，於是便開始跟著蔣顯斌到處去看紀錄片的案子。還沒成立公司前，就在幫忙推動《音樂人生》這部紀錄片。

✦ ✦ ✦

《音樂人生》對我來說，是人生的轉捩點。它是一部香港的紀錄片，導演張經緯二〇〇二到二〇〇七年紀錄音樂天才黃家正（KJ）從十一歲到十七歲的歷程；二〇〇八年參加 CNEX 第二屆監製影片主題：「夢想與希望」甄選，剪輯成九十三分鐘的影片。

黃家正是一個早慧的鋼琴神童，七歲對一般孩子來說，還是天真無邪的童年時光，但當時的他，卻已經開始思考生死大哉問。他的爸爸是醫生，給予不虞匱乏的物質生活。十一歲那年，就已經贏得香港校際音樂節鋼琴組大獎，也獲得前往捷克與當地專業樂團合作演出和錄製貝多芬的第一號鋼琴協奏曲的機會。

他的人生從十一歲就開始飛黃騰達了嗎？站在十七歲的年紀回頭望，卻不盡然如此。獎項和演出機會並沒有更突出的表現，甚至曾經中斷了二年的鋼琴演奏，只因名利無法為黃家正帶來真正的快樂。「為什麼要演奏音樂？」和「難道人生就只有音樂嗎？」等疑問在他腦海不斷翻騰，甚至還曾偏激地認為：「全世界都應該自殺，因為世界太不完美了！」他不想只是個音樂天才，而是想作為一個「人」。

我第一次看到這部紀錄片，是在二〇〇八年。當時的我看完之後，內心激起了難以言喻的共鳴，非常震撼、也超級感動，產生一股熱切的心情，想介紹給台灣的觀眾。

沒想到滿腔的熱情，卻立即被澆了桶冷水，台灣居然沒有發行商願意發行！進一步了解才明白原因：一來它是香港題材，再來它說的是廣東話，雖然發行商們看了也覺得電影本身不錯，但評估之後一致認為它在台灣沒有市場。

但我不死心。雖然沒做過電影，直覺卻告訴我：「一定會有機會！」因此親自說服蔣顯斌及導演張經緯：「拜託你們讓我去試試看！」我的誠意終於打動了他們，全權授權由我來處理。

✦ ✦ ✦

我做的第一件事，就是親自將全部廣東話字幕都翻譯成國語。因為這部紀錄片真的很棒，但我擔心台灣人會基於聽不懂廣東話、也看不懂字幕的意思而無法接受，那就太可惜了。沒想到這件事沒有想像中簡單，需要學會很多新的技術，例如了解什麼是音軌？字幕要精確上在幾分幾秒的地方等……除此之外，還得跟影片本身的步調和節奏配合，重新錄製，調整一番。經過一番努力，總算大功告成。

接著邀請導演及一些朋友來看試片，沒想到他看到一半，氣得衝出去了。我嚇一跳，因為我已經看過很多遍，覺得應該沒有什麼問題才是，那時還有朋友在現場，所以先留在現場陪他們看完，結束後再去問蔣顯斌：「到底發生什麼事？為什麼張經緯看到一半跑掉？」

蔣顯斌回答：「導演那時候很生氣，一方面覺得廣東話有它的語調，話少少的，不用解釋那麼清楚，讓觀眾自己去感受像是人與人之間的尷尬等就好了，可是你卻把它解釋得太清楚，他覺得那個味道跑掉了。」

針對這件事，我覺得有必要進一步說明：「翻譯的時候，我當然是非常忠於原味，但有些廣東話的俚語太簡短了，廣東人聽得懂，台灣人聽不懂、大陸人也聽不懂。因為我待過香港，比較能夠揣摩這些人物想表達的情緒，為了推廣影片，必須加上我自己的詮釋。」

後來蔣顯斌便中肯地向導演解釋：「這是文化的差異。」他不是「我就是堅持要怎樣怎樣……」的那種導演，他很棒的是，聽了我們的解釋與說明之後，不但聽進去了、也很風度地接受我的調整。

導演尊重我，尊重台灣CNEX。不過事實證明的確是因為我這樣翻譯，大家才能看得進去。不然有些他們說的俚語，又快又短，根本看不進去，也聽不懂它的意思。後來在推廣影片的過程中，我和導演經常碰面，也常會聊天，有點英雄惜英雄的感覺，慢慢變成了好朋友。回想起來，這真的是老天爺給我的機會！

✦ ✦ ✦

接下來，再把毛片拿給戲院看，爭取上映的檔期。這時滿腔熱血，卻面臨重重的考驗：

第一關，還是沒有發行商願意發行。

第二關，仍然沒有任何戲院想上映。

那時有朋友介紹華納威秀的排片經理給我認識。我熱切地把配好國語字幕的毛片先請他欣賞。他看了之後雖然很喜歡，但評估之下覺得這部紀錄片沒有商業價值，如果他基於個人喜好而硬排檔期，將對公司無法交待，因此婉拒了我的請求。

不過我並沒有放棄。我記的很清楚，剛開始磨他的時候大約是二〇〇九年一月，接下來花了三個月時間，一直鍥而不捨地磨他磨他再磨他……

或許就是所謂的「精誠所至，金石為開」吧，覺得冥冥之中，老天爺有在幫助我。

由於這部片子是二〇〇八年末上映，於是我們在二〇〇九年八月，報名了第四十六屆金馬獎「最佳紀錄片」、「最佳音效」、「最佳剪輯」三個獎項，十月七日公布提名名單的時候，三個獎項居然全都入圍了。

有了金馬獎入圍作品的光環，這才有機會理直氣壯地被排入戲院的上映檔期。排片經理說：「我最多只能給你們二個星期的檔期，如果票房不好，就得下片喔！」能有上映的機會我就萬分高興了，忍不住一直向他道謝。

他接著提問：「全台灣有九家華納威秀，你打算何時上映？」但說也奇怪，我就是知道不能全台灣都上映。因此回答他：「我並不想全台灣都上映，我只想在信義威秀上映。」因為我的力量沒那麼大，無法一次塞滿全台灣的戲院。我需要的是口碑慢慢發酵。

接下來，再進一步向他提出大膽的想法：「而且不需要全天的場次都上映，只要給我晚上七至八及九點的時段。一天二場就好。」對方說：「可是我們從來沒有人這樣排片過啊！」但我很堅持：「拜託你幫我這樣排！」經過一番溝通協調，排片經理總算接受我的請求。

值得一提的是，這樣限定場次播映，當日其他場次則播放其他電影的排片方式在如今的戲院相當普遍，但以當時來說卻前所未見，《音樂人生》算是首開先例了。再次感謝老天爺眷顧，《音樂人生》入圍三項金馬獎，十一月二十八日舉行頒獎典禮時，竟然三項都得獎！蔣顯斌不僅邀我一起出席，也邀我一起上台領獎，共享這份榮耀。

✦ ✦ ✦

《音樂人生》被排定在二〇一〇年一月一日首度上映。剛開始上映的前幾場，我動用了自己的人脈塞滿影廳，目的是創造口碑。這場安排在元旦的首映會，是由華南金控副董事長暨哈佛同學會會長林知延（Tommy Lin）包場，他邀請了會員及長春藤學院的校友來觀影，反應相當熱烈。

這樣集中火力的行銷策略開始奏效，印象中周美青、張艾嘉、侯孝賢……電影圈的影人幾乎都有來觀賞，佳評如潮。因為口碑如煙火般絢麗地綻放，原本信義威秀只能給我們二週的檔期，居然欲罷不能地加映了八週，直到過年賀歲片檔期到了才下片。後來侯孝賢邀請我們去他主持的「光點台北電影院」（台北之家）放映了二個月，碰到早已預訂的檔期又下片一次，接下來再重新上映了好幾個月。

除此之外，我還做了三個版本的小卡，朝音樂教育、生命教育、親子關係等不同議題面向來宣傳，並找相關的組織（例如音樂教育，我找的是光學社）來配合行銷，獲得極大的成功。這樣的行銷手法驚艷了電影圈，大家赫然發現：「原來紀錄片可以這樣操作！」

我從二〇〇九年以六十萬的資金贊助 CNEX 開始，並於二〇一〇年成立「用心快樂社會企業」，《音樂人生》算是我們公司的第一個案子，能得到如此佳績，也頓時讓我充滿信心與希望。

用心道愛

我們不常把愛掛在嘴邊，展現愛的方式也較為含蓄，有時連一個擁抱都顯得有些彆扭，總是想著之後還有機會說，總是預想對方一定已經知道了，常常藏到最後是到離開前都沒說。趁著這個機會，跟家人、朋友、伴侶好好說愛，告訴他們對你有多重要。

用心快樂，用愛送走憂鬱

給心情有點 Blue 的你：

我的精神科醫師詹佳真曾經說過：「憂鬱症是非常博愛的，不分王公貴族、販夫走卒，也不分藍綠、年紀，就是人人有機會。」

被視為人生勝利組的我，就曾經是個重度憂鬱症患者。回想起那段時期，最嚴重的時候，整整一個月沒有踏出家門半步，誰都不想見，好幾次差點想不開。雖然外面天空是藍的，但說真的，我看出去的天空就覺得是黑的。

詹醫師說：「憂鬱症的人，他的心就像戴了一個篩子，會把所有好的東西都排除在外，你跟他講了再多好的事情，進來的就是只有負面。對自己，覺得自己不夠好；對未來，覺得未來沒有希望；覺得朋友也不再接納他……所以不管你跟他講了再多正面的話，也進不了他的腦袋。」沒錯，正是我當時的感受。

為了幫助大家預防憂鬱症，我創立「用心快樂社會企業」；為了讓小朋友從小學會如何紓解壓力及負面情緒，我努力推動「偏鄉兒童藝術美學紓壓課程」……

一切的一切，只因我自己為了走出憂鬱症風暴，真的非常非常努力；花了十多年，才總算讓它漸漸不再復發。

這個過程既痛苦、也很艱辛，如果可以，我真的希望你不要經歷這一切，讓憂鬱的情緒，止於雲淡風清就好。因為感同身受，所以推己及人。將這份過來人的真愛，誠摯地獻給你。

自從我在二〇一〇年成立用心快樂社會企業至今，用心快樂的核心精神「如何有效預防憂鬱症」，始終沒有動搖過。

剛成立的那幾年，我慢慢開始喜歡藝術，到處看展覽，也認識了一些年輕藝術家，有時候會跟他們聊聊天。有一天突然福至心靈：「如果能從小培養紓壓的好習慣，那麼對於預防憂鬱症應該會大有幫助；而透過藝術來紓壓，是一個很棒的方法！」偏鄉小學資源相對較少，促使我萌發「偏鄉兒童藝術美學紓壓課程」的靈感。

於是我跟年輕藝術家朋友們提議：「我可不可以請你們去跟偏鄉的小朋友一起上上課，讓他們知道藝術很好玩？」同時也立即展開行動，跟偏鄉小學進行接觸。萬萬沒想到，光第一步就是非常大的挑戰。我的同事問了好多所學校，都沒人敢讓我們去，因為他們根本不知道我們是誰，甚至還被質疑：「你們是不是要利用我們學校來斂財？」

為了澄清誤會，我們開始親自登門拜訪，向學校進行簡報，並拿出公司的營利事業登記證、介紹我的背景等，證明我們是正派經營的公司。花了一段時間，才終於遇到對藝術教育非常感興趣的桃園縣觀音鄉育仁國小李校長，同意讓我們去試看看。那次去完之後反應非常好，二〇一四年六月，用心快樂企業的偏鄉藝術課程踏出成功的第一步。

當時我初步的想法是，請年輕藝術家教小朋友如何透過藝術創作紓壓，同時也能和小朋友共同創作出具有當地特色的畫作，然後將這些畫作協助出售，所得則由三方共同來分潤：給學校當作學童的營養午餐、急難救助、多元課程等費用；給藝術家作為藝術創作基金；還有用心快樂企業，維持繼續推動活動支付相關費用的活水。

第一次我不敢找真正的藝術家，而是請一對夫妻很有天份的兒子去教畫。但小朋友的畫，對一般人來說似乎比較沒有收藏價值，在推銷上有點難度，我只好求爺爺告奶奶，請朋友一起做好事，試著把畫賣掉。賣了十幾萬，扣除我們的人事、行銷、車馬費等成本，大概只賺了二、三萬。

我後來發現，光是去教小朋友畫畫、銷售畫作是不夠的，經過一番思考，才想出結合文創的想法，把小朋友的畫，透過圖像授權跟產品結合。

二〇一五年，我們開始嘗試作「童樂繪」文創披肩。構想是由藝術家ROSS LIN林煌彥、王子麵等人發想設計概念，帶領偏鄉小朋友運用當地元素來天馬行空地創作，再由服裝設計師呂學政將小朋友們的作品解構並重組，創作出結合了愛心、時尚、公益、藝術、分潤等元素的文創披肩。披肩的材料是皇家御用100％美利諾羊毛，質感極佳，二〇一六年一月十九日起，統一在momo購物網販售。

坦白說，「童樂繪」文創披肩花費了我們很多的心力，但成效卻不如預期。檢討原因，主要在於當時我對材料不了解，忽略了這是在網路上販售，消費者只看得到照片、摸不到質感，不像實體店面可以讓消費者摸到布料、感受布料本身的細緻，單價又是二、三千元起跳，銷售的門檻提高。但這也不能怪我的二位顧問朋友，畢竟他們之前都是在精品實體店面擔任行銷、公關。

第一批，我親自送給一些愛心人士，像是企業家夫人、企業家第二代朋友之後，他們覺得真的不錯，才購買一些。剩下來的庫存，我們透過慢慢賣、慢慢賣，才終於銷售一空。這項商品，讓我上了很大一課。只能怪我自己當初想得太美好：「做好事啊，又可以幫助偏鄉學童！」但到了網路世界，卻完全不是那麼一回事：

第一，我們不是知名品牌，消費者對我們沒有品牌忠誠度。

第二，消費者摸不到材質。

想像跟實際碰到的狀況一定會有落差。只要是我們想嘗試賣自己的東西，都賣得不是很好。這個經驗讓我深切了解，我不能這樣自創品牌。學費雖然很貴，但也是創業的必經之路。

但就在同一年，我們去桃園復興鄉山上的時候，發現他們有水蜜桃，所以就想嘗試看看自己推出水蜜桃禮盒，禮盒的設計上結合小朋友的畫作圖像，可愛又討喜，沒想到水蜜桃禮盒居然大賣。這劑強心針，就像是老天爺在為我們打打氣！

分析成功的原因首先是，大家已經知道內容物是什麼了，不需要再多作解釋；加上拉拉山的水蜜桃本來口碑就非常好，這才發現：「對！我就是要找已經是有大量銷售的產品內容，民以食為天，基本上吃的東西就可以！」

同時我也舉一反三，趁勝追擊，接著去開始找衛生紙、口罩等這些本來就已經在賣的商品，畢竟消費者很清楚知道，口罩就是口罩、衛生紙就是衛生紙，不必再多作解釋那個商品是什麼。我覺得這個才是重點。

於是我們除了自己推出水蜜桃禮盒，也開始嘗試跟別的企業合作，例如永豐餘的衛生紙、衛風科技的口罩，甚至還有燕窩禮盒……

燕窩禮盒是一種新嘗試，起初是我去找認識的朋友，跟他們說，若他們有心願意合作，那麼印刷費我支付，先試著少量做個一百盒來看看成果。這個提議得到對方的善意回應，因此共同合作，推出一個限量版。

對創業的人來說，人事、房租等固定支出，都是最辛苦的部份。所以為了讓用心快樂企業繼續生存，我還是持續有在作投資。我還有另一家公司：華川資產管理股份有限公司，這是沒有對外公開的投資公司，只是朋友之間互相討論，分享一些資訊和看法，大家各做各的，省得麻煩。投資理財並非大家所想的，買什麼一定都會獲利，沒有那種事。有時太忙沒時間看股票，本來賺錢放到變虧錢的狀況，也是會有的。

創業的前六年，我是靠投資理財來支持用心快樂企業，自掏腰包了好幾百萬；直到二〇一七年才開始獲利，每年有二、三十萬的盈餘。

後來大約二〇一八年左右，我們接下來思考，光是這樣好像沒辦法預防憂鬱症，所以才把憂鬱症的相關資訊加入偏鄉課程，過程中一直在微調我們的腳步。

✦✦✦

你或許會好奇，我們所選擇的年輕藝術家們，是怎麼找到的呢？他們有些是來自朋友推薦，或藝術家介紹他藝術圈的朋友，一個串一個。首先，當然是覺得他的作品很不錯，但最重要的是，我們會跟他們討論：

第一，你喜不喜歡小孩？

第二，你願不願意去教小孩？

因為有些藝術家雖然很會畫畫，卻不怎麼懂得跟小孩互動。有些原本在我們清單上的藝術家後來沒有辦法再去，也是因為他不太會教小孩子。所以我後來在篩選的時候，進一步以下列條件來評估：

第一，他的作品要有特殊性，有個人風格。

第二，他要懂得怎麼教小孩子創作。

第三，他要有愛心。因為辦一次活動可能會需要長達二、三天，車馬費只有微薄的五千元，如果沒有一定程度的愛心，大概做不太到。

從二〇一四年六月開始至今，用心快樂的足跡已經多達三十多所偏鄉學校，我也因此認識很多好朋友。有些藝術家跟我們的關係都很好，很感恩他們一直以來的幫忙。所以有時候他們辦展，需要幫忙、撂人，或有時候作品賣不掉很辛苦的時候，我也會以實際行動支持，互惠對方，因為我對他們真心感謝。

其中擅長畫走獸，並「以色代墨，以墨輔色」融入嶺南派技法中「撞粉」繪畫技巧見長的藝術家方志偉，特別有義氣，當我們在突然臨時、很趕的時候，或有些藝術家本來答應了卻突然說不能來，需要救火的時候，他總是義不容辭地放下手邊的事情前來相助，已經幫我們救過二、三次火。我很感謝他，所以在二〇二一年水蜜桃禮盒的手冊裡特別擺了他的作品介紹，在用心快樂企業網站上也有幫忙銷售他的作品。因為他很挺我，所以我也很願意幫他，是一個善的循環。

✦ ✦ ✦

總之，在核心精神「如何有效預防憂鬱症」不變的前提下，用心快樂企業不斷調整營業模式。就我觀察，目前市面上很多自我幫助、自我訓練，或是媒合諮商師跟病人的 **APP**，但似乎沒有一個 **APP** 是去建立一個互助網的概念。所以我正在準備啟動第二個預防憂鬱症、比較互動型的 **APP**。

或許你本來可能只是有憂鬱情緒，還不到憂鬱症的地步，但你拖久了，沒有人注意到，你也懶得跟人家說、不想去煩人家，很有可能會悶成憂鬱症。等到你的家人或朋友發現的時候，情況可能已經很嚴重了，我想預防這一點。

假設你是憂鬱症患者，或是有憂鬱症傾向的人，希望能走出來，也可以用我的

APP。你自己下載 APP 之後，要認真思考要邀請哪些人成為你的支援者，但前提在於對方也要同意受邀才行。一群大約三至五人，最多五個人。

你選的這些支援者，有時不一定是親人，像有時候我也不會跟我爸媽講這些事，不想讓他們擔心；而常常一起出去的朋友大家都很忙，也未必適合。自己要審慎評估作選擇，人數不能太多。

現在的社交媒體都是想要很多人追蹤，但那關係是很淺、很疏遠的，我覺得這樣不對，我要反向而行，真正可以幫助到你的，是你最親近、最好的幾個朋友。當出現問題的時候，例如你很久沒上線，APP 會通知你的支援者：「嘿，你要不要關心你的朋友一下？我們通知他的訊息他都沒有回，連看都沒有看。」

又比如每星期固定要做的相關檢測或回歸時你沒做，APP 也會通知你的支援者：「你的朋友有狀況喔，你要不要主動關心他？」要不然當你心情不好，連手機都沒開、訊息都沒看的時候，怎麼可能有心力做自我訓練。

除此之外，我們也會篩選一些不錯的活動、演講、電影或餐廳，推薦給這些不同的群組。當你可能已經有點憂鬱，根本不想出門時，你的朋友知道你的興趣、狀況，可以約你、拉你一起出去走走，散散心。

未來我們還可能會串連一些醫療的預約系統。當你使用 **APP** 的憂鬱檢測功能，測出來真的問題很大的時候，你的朋友同時也會知道，可以幫你預約就醫。如果情況已經很嚴重，我們也會即時提供哪裡有醫療資源，或你可能需要怎樣的醫療資源。

這個 **APP** 在腦海裡已經構思了很多年，還一直在調整我的想法跟策略，以及一些應用的資源要怎麼整合進去，因為畢竟幫助別人之餘，公司也能獲利，是社會企業的存在目的。

現在一些軟體是付費了才會開啟一些功能，但對我來說，這樣反而會給使用者壓力，覺得自己就是得不斷花錢。所以這款APP的獲利來源，應該是會來自，比如我今天推薦了哪些書，你買了它們，我可以跟書商分潤；推薦哪些瑜伽課程，你購買了，我可以跟授課老師分潤……總之，希望是跟B去拆帳，而不是跟C。

但這就是需要進一步討論的事情：什麼東西可以收點費用，什麼東西不該收費用。現在活動這麼多，各式各樣你想得到的，網路上都可以訂購得到。那我要包含什麼東西？什麼東西就是不能去賣、去做？比如說我要賣的產品，一定是跟健康紓壓有關，那我就可以串連很多我週邊的資源，比如說餐廳有優惠、你常來check in我可以給你點數，換折扣券……就像一個店商平台，但是產品不會多到讓你眼花撩亂，而且都是我們精心篩選過，覺得對你心情會有正向幫助的活動。

思考的點，第一個是實用度，不要說自己做得很開心，結果大家用一用就不用了。現在很多APP就是這樣。第二個是它的有效度，是不是真的能對使用者有幫助？我想，這應該不可能一次就成功，一定會有些功能的增加，碰到問題、有bug要改進等。所以要保留一點微調的空間，可以讓APP改版或更新。

這個構想中的APP功能性比較複雜一點，目前在世界上還沒有看到有人做，所以我正在找幾個比較有經驗的朋友一起在研究、討論，希望可以開發得出來。這是我現在在做的比較大的工程，希望它可以早日完備，正式推出，幫助更多需要幫助的人！

點點滴滴的愛，都在相互陪伴裡

Dear baby:

謝謝妳來到我的生命。

謝謝妳在知道我有憂鬱症的狀況、很大男人主義，又足足大妳十八歲的情況下，年輕可人的妳，居然還是願意接受我的一切，成為我的人生伴侶。

不過「相愛容易相處難」，有時候我們吵起架來也的確是很恐怖，但吵完架之後，很感謝妳願意跟我一起持續溝通、找出解決問題的方法，避免下次同樣類型的事情發生。

此外，不論是我或妳，都各有來自成長背景十幾、二十幾年養成的習慣性思考模式或認知，就算想要調整，也是需要一點時間。因為我希望我們倆人可以開心快樂過一輩子，互相扶持，繼續一路相伴，所以我願意為了妳而去調整改變，而我也感謝妳願意為了我去調整改變。讓我們慢慢的在婚姻中一起成長。

踏入婚姻，難免要面對柴米油鹽醬醋茶。看到在娘家從小到大都不曾做過任何家事的妳，嫁給我之後，慢慢在學習打掃、整理家務，甚至開始學做料理，努力的身影讓我感到甜蜜又貼心。由於我以前在國外留學，生活大小事都要自己來，所以做家事對我來說也不是什麼難事，所以我也很樂意跟妳一起分攤，讓妳不要過於辛苦。

要一起生活，每一件小事都有可能變成吵架的大事，日常習慣的磨合，也是需要經過不斷的溝通來建立共識。畢竟妳以前從來沒做過家事，但當我對妳處理家務的方式有意見的時候，很感謝妳第一時間不是反駁我的指正，反而是願意調整，慢慢改變自己的生活習慣。

真不可思議，現在妳似乎已經培養了自己新的生活習慣，掃地掃得好勤快，簡直比我還愛乾淨。我很感謝妳願意改變，是因為妳覺得改變之後的確比較好，像是更乾淨讓妳覺得更舒服。說真的，這是我最感謝妳的一點，畢竟有的人並不願意為了別人而改變自己。

正因為妳願意這樣子改變，也更促使我反思自己，是不是有一些習慣，比如跟朋友應酬、跟異性溝通的習慣，也是需要去改變、調整，給妳更多的安全感？然後，我也付諸行動，自我調整，或許因為這樣，現在我的朋友都說我變了。

婚姻是倆人的事，所以當倆人有共識的時候，願意彼此溝通、付出，自然而然就會改變並提昇。們相互陪伴，讓每天都是最好的一天。

我跟我老婆相識在二〇一九年年底，緣於一個朋友的介紹。剛認識的時候，只是純粹想當個朋友，後來跟她聊過之後，發現我們有很多相同的興趣，比方說對於自我成長的追求、想做好事的善意等；然後聊到她想要成為瑜伽老師，幫助更多人。聽到這裡，不由自主對她動了心，覺得這個女孩很善良、單純。

再進一步深聊，發現她對心靈成長、玄學、修行等方面都有涉獵，恰好那些也都是我的興趣。其實她的靈性頗高，有趣的是，她自己並不知道，但我知道。越深入認識，越覺得「這個女孩很適合我」，然後就自然而然在一起了。說實話我單身這麼久，外貌姣好的女孩也見過不少，選擇與她相伴一生的原因，主要是來自一種直覺。

雖然她年紀比較輕，在一起之後，心中就有一個聲音一直跟我講說：「就是她了！就是她了！」或許你會覺得我誇大其辭，但對我來說，真的就像電影演的那樣，當你碰到的時候，和她相處一下子就會知道是她了。可能每個人不一定一樣，但對我來說，真的就像是靈魂深處捎來的訊息：「Tommy，沒錯，就是她了。」然後自然而然湧現一股誠摯的心意：「我想要跟她在一起，然後會照顧她一輩子。」接下來一切都發展得很快，交往一年多，我們便在二〇二〇年十一月十九日共結連理。

以現在的年紀，早已沒有人能逼我做什麼事。我本來沒有打算要步入婚姻，但因為她想要結婚，想要有保障，而我愛她，希望讓她開心，所以才決定結婚。畢竟結婚證書不只是一張紙，它有契約的效力，除非兩個人都十分成熟，不然有那張紙真的是不一樣。

俗話說的沒錯：「相愛容易相處難」，從交往、結婚到現在，我們大吵過很多次，通常是因為她愛吃醋。有一次很嚴重的爭執，是來自她誤會我跟我一位十多年的朋友，她認為對方對我有好感，而我要跟對方保持曖昧，但實際上我們並沒有，我們只是在互開玩笑，她卻因此打翻醋罈子，大大發飆。每次吵完架之後，我們彼此都會冷靜下來，自我檢討一番。我很欣賞她的一點是，如果錯在她，她很快就會來向我道歉。

一開始我不了解她為什麼這麼愛吃醋。結婚前，對我來說這是小事，就像小孩子在鬧脾氣這樣。但結婚後有一次我們吵得很兇，她讓我看到我以前一直沒有結婚的盲點，原來問題的癥結，可能是過去的我都太以自我為中心，都用自己覺得應該是ＯＫ的方式去處理事情、跟異性相處，而且比較美式作風，對男女之間的分寸可能比較沒有拿捏得那麼好。她比較介意這方面，但以前的我卻沒有這樣的自覺與認知。

如果照我以前的個性，若沒有那張結婚證書，可能吵架吵一吵就分手了，但因為有了婚姻的承諾，變得更努力解決問題，不輕言放棄。我們在一起相處之後，她讓我看到我自己需要調整的地方；而且最重要的是，有「今天我已經不再單身，而是個有老婆的男人了」這樣的自覺，就開始自我調整。

說起來她也有令我在意的地方，比如她有時候比較情緒化，生氣的時候會不小心說出傷人的話語；而我的個性剛好有脆弱的一面，比較容易受傷害，所以我就語重心長地跟她說：「如果我們兩個人有心要好好相處，那麼當我們在溝通或吵架的時候，妳必須不能講那麼傷人的話。」她聽進去了，也開始有所調整。這方面，我覺得我們彼此之間都有進步。

另外我很感謝她的就是，有時候我的憂鬱情緒會發作，雖然不像以前那麼嚴重，但她了解當我在憂鬱的時候，就是不想跟任何人說話，也不想討論什麼事情，這時候她就會默默在一旁照顧我、陪伴我，有時候會故意說一些白痴的笑話逗我笑。她用的是一個很正確的陪伴方式：陪伴、聆聽，不作任何的批判或指導。

我覺得那是因為她曾經得過憂鬱症，知道當處於憂鬱狀態的時候，別人講什麼都沒有用，所以她用同理心的方式跟我相處。同樣的，有時候她情緒不好，我就是單純的陪伴，盡量陪她做想做的事，不會硬要當下去解決什麼問題。這點真的很重要。我覺得這方面是我跟她相處非常好的地方，也很感謝她。

我知道大家都是好心，希望能幫得上忙，但問題是當一個憂鬱症病患處於憂鬱狀態的時候，你講什麼都是多餘的。其實道理、邏輯、技巧各方面，我覺得憂鬱症病患懂的可能比我們還多，但當他在那樣的狀況下就是不想去做、懶得去做，他更需要的是自我沉澱、自我消化，接受自己就是正在憂鬱，然後讓那個情緒慢慢過去。

我要提醒有憂鬱傾向的讀者，情緒只是一時的，不要急著想立刻把情緒轉換掉或消滅掉，因為我看過很多朋友想努力地克服憂鬱的情緒，但通常這樣反而會為自己帶來更多的壓力，因為沒有用正確的方法反而會造成自己更加焦慮、更指責自己。在配合醫師診療、按時吃藥之餘，接受自己有憂鬱症、接受自己正在憂鬱，然後等到比較恢復的時候，必須去學習一些轉換情緒的技巧或培養興趣，讓你可以脫離憂鬱的狀況，讓大腦不要一直去想負面的事情。

如果你是憂鬱症病患的朋友或陪伴者，我奉勸你不能急，不能讓對方的情緒影響到自己。這也是我切身的經驗，之前有一次我想幫朋友，急到我感覺自己的憂鬱症都快要復發了，覺得：「我已經付出這麼多了，你怎麼都沒有任何改變？為什麼還是那樣想？」這會讓自己感到很沮喪。

關於這樣的狀況，我之前有跟我的心理醫師討論過，後來才真的放下很多事。心理醫師跟我說：「你可能要接受對方一輩子大概都這個樣子，要有這樣的終極覺悟，而你所能做的事，就是盡你的力量去陪伴。這一點非常重要。」

所以在這裡我也提醒陪伴者一個重要的觀念，就是先不要期待你的付出一定會帶來改變，也不要因為自己的付出得不到相對的回應，反而讓自己的情緒也被拉走了。

記得曾有某個研究單位做過調查，發現憂鬱症會帶來很大的隱形社會成本，假設今天你家裡的親人有一個是憂鬱症患者，如果需要你花時間去處理的時候，一不小心就被拖下去了，也會造成你在工作上的機能有所衰退，接著一個圈一個，越圈越大；這也是為什麼聯合國世界衛生組織在二〇二〇年提出全世界最需要重視的三大疾病之中，憂鬱症排名第二，因為它會造成嚴重的社會經濟負擔，所以一直在呼籲每個國家，必須針對心理健康制定更多的預算及更多的防治措施。

現在社會上似乎很多人都有憂鬱傾向，就是處於感覺快要得、但還沒陷進的邊界，我身邊蠻多人是這樣。我覺得報喜不報憂是人的本性，通常大家想呈現給朋友、家人都是好的那一面，實際上痛苦憂鬱的時候都是自己想辦法解決，不想讓親友擔心。

但如果你覺得單靠自己的力量，沒辦法轉換情緒或走出來的時候，一定要想辦法求助。現在社會上有很多資源，比如說張老師的電話、網路上也有很多知識，但我覺得最重要的是一定要有所行動，不能只光靠用想的，而是必須去做一點事情。

大腦有時候很機車，一直想一直想都停不下來。如果能出門是最好，從事一些戶外活動，或到附近公園走走、曬曬太陽，因為大自然也是具有療癒的能量；但如果不能出門，可以在家裡從事一些靜態活動。

依我個人的經驗，有時憂鬱的情緒來襲的時候根本不想動。沒關係，可以看電視、看電影或聽音樂，想辦法把專注力放在另一個不需要有任何壓力的活動上，像是有的人選擇專心地拼拼圖，讓憂鬱的情緒不知不覺地過去。我老婆是瑜伽老師，當她意識到自己情緒有點低落的時候，她的方法就是趕快去運動，去上課，然後就好了。用運動來紓解，其實是很正確的方法。

我們結婚前有陣子她比較容易憂鬱，我就用陪伴她、鼓勵她來幫她度過；此外她自己也會去運動，效果很好。結婚後反而我情緒低落的次數比她多，畢竟生活中有些事情我還是放得不夠下，三不五時也會受到影響，如果我正處於反省自責的時候，剛好又有新的壓力源，就很容易出現比較憂鬱的情緒，而我自己也會感受得到。那時候我會突然取消今天所有行程，並配合醫師指示用藥。

我再三提醒，希望讀者可以培養一些新的興趣，不是要你帶著壓力做這些事，最主要的目的是希望你能讓自己更健康、更開心，當你常常做這些令你開心的事，憂鬱症自然而然不會去找你。以我來說，我有練一些當下對我有幫助的技巧，有些則是應用在中長期，比如說去潛水、靜坐等，必須常常做，常常讓自己心情平靜愉悅，自然可以減少憂鬱症復發的頻率。
我們可以，你一定也做得到。

珍惜現在，所以計劃未來

生命很神聖，過程可能很辛苦跟有許多無奈，但是卻也可以很有趣。人生要過得很開心，好像不容易，畢竟生活中大大小小的事，很難盡如人意。

寫遺書，不等於自己馬上就要離開人間，它反而會讓你因此更珍愛生命。如果你願意以開放的心來看待，我也會建議你，不妨試著寫看看。光用頭腦去想內容，跟自己坐下來認真寫就是不一樣。好比說，本來跟別人吵架，覺得很在意，但寫完遺書之後，反而覺得那也沒什麼大不了。於是，我再進一步給自己一些小功課。

首先，給自己一個大膽的假設：「如果生命只剩下七天，我要怎麼過？其實平時想做的事，我都已經盡量在做了，但如果確切知道自己一週後會離開，那麼即刻起，我就不會再對生活瑣事生氣，而是把寶貴的時間花在：對內，解決一些自己的問題；對外，改變一些人際關係。

在感情的部份，第一要事，就是跟至親、老婆當面訴說愛意、感謝，並安慰他們，如果那一天真的到來，不要過於傷心，我的愛，永遠與他們同在。

然後我會趕快安排一場生前告別式，希望在離開之前，能親自向親朋好友們道謝與道別；對於沒辦法到場的真正好朋友們，我也會打電話，親口謝謝他們對於我過去的支持與包容，並好好道別。同時趕緊向我尊敬的長輩們親口道謝與道別，謝謝他們成為我生命中的貴人。

接著，將我的一些物品分送給家人或朋友，盡量環保，減輕家人處理的負擔。且盡可能聯絡上曾虧欠過的人們，誠摯地向他們道歉。

在事業的部份，我會交代我的用心快樂社會企業後續處理方式與接班人。同時也趕快將我的股票部位出清。無法馬上處理的投資或借貸，會以清單詳細列出交代事項與聯絡資訊。

在以上事項處理完畢後，便馬上跟老婆飛去馬爾地夫潛水與高空跳傘，至少完成人生清單中的二件心願。那麼，「如果還有更多的明天」呢？我想，那更是值得慶祝的事！

現在的我快五十歲了，七十歲的我，會想過什麼樣的生活？讓我先從短程設想吧。未來五年後，我想持續學習夫妻相處與自我習性進步。希望跟老婆相親相愛不會吵架，每三個月國內旅遊三天，每半年國外旅遊至少一星期。並協助老婆每半年舉辦一次瑜伽或心靈度假行程。

新版的用心快樂的憂鬱症防治 APP 成功運作中，有效幫助人們學習正確預防與陪伴知識，並且已經推廣到至少五個大國家。

持續理財投資，並有多餘的金錢幫助到更多的慈善單位。而七十歲後，我應該是退而不休，用心快樂社會企業已經成功接班，我只負責策略討論與介紹資源。依然保持每三個月旅遊一次，同時結合老婆瑜珈或心靈成長課程；三不五時與好朋友們聚餐，一星期至少可以打三次德州撲克。

除此之外，我還會盡力協助其他社會企業發展事業，並提供增資與策略建議。如果還有更多的明天，我絕不想把時間浪費在後悔，因為後悔也沒有用，那只是妄念。不如認真活在當下，思考未來可以做些什麼。

想像五年後、甚至七十歲之後，我想過著怎樣的生活，為了實現它們，現在就要認真思考：該開始做哪些準備？並付諸行動。總之，寫完遺書，甚至讓我開始尋找人生的意義，把每一天當成生命最後一天來珍惜；並更加努力在自己能力所及的範圍幫助別人。因為幫助別人，讓我感到快樂！

用遺書，去讀懂自己

遺書的開始，需要寫上名字，以及下筆的日期，其他並沒有制式的內容，下面會提供幾個重點與範例，提供參考。落筆不難，從想像開始。想像自己在跟一位或多位親近的家人朋友訴說，他可能是你愛過的人、你的父母親，或者某些特別的朋友們。想像這是你最後一次可以與他們對話，你想說些什麼？

在這個過程，你會發現原來這些人事物之於你的意義是如何，以及你原來不想錯過的事。如同確認你曾經走過的路，也能以此思考「我是誰」。試過一次，也許會有讓自己驚訝的感想。意識到死亡存在，會讓你更有意識地感覺到自己與世界的關係，重新檢視自己的成長路途和告別方式，並體會內心真正的渴望。

姓名

日期

・有什麼話想告訴愛你／你愛的人？

・有沒有什麼事讓你感到抱歉？

・人生中有沒有你最感謝的人，因為對方的出現讓你的生命特別有意義？

・覺得媽媽、爸爸或其他親友會想要跟你說什麼？

・有什麼特別快樂或記憶深刻的事？

・會有什麼話想對自己說？

・有沒有放不下的人、事、物？

・你希望用什麼方式被記得？

・其他還有希望入葬或告別式類型、財物安排、器官捐贈等具有法律效益的內容……

Part 3

卡住了，怎麼辦？
——醫生這樣說

每個人都會有瀕臨憂鬱的日子，
質疑著自己的人生價值，
他們需要的不是「想開一點」，而是被接住的感覺。

詹佳真醫師為台灣知名心理醫生，現任聯合醫院中興院區一般精神科專任主治醫師、董氏基金會心理健康促進委員。曾經幫助 Tommy 走過憂鬱低潮的詹醫生，將在以下篇章中分享對憂鬱症的看法和自我檢測方式，也將透過二位的對談，更了解自己的情緒以及如何與自己對話。（詹醫師專文解析，由黃于洋採訪整理）

詹佳真 醫師小檔案

中山醫學院醫學系畢業，過去三十多年來以治療精神科的病患為主。

經歷：

- 中興院區一般精神科專任主治醫師
- 長庚醫院婦產科住院醫師
- 臺大醫院身心醫學住院醫師訓練
- 市立療養院總住院醫師
- 市立療養院主治醫師
- 台北市立中興醫院精神科主任

身為一個精神科醫生，我隨時都有得憂鬱症的準備

許多人認為心理醫生一定很善於情緒管理，否則在每天聽了這麼多人的心事之後，怎麼有辦法消化這麼多情緒？詹醫師坦言，其實心理醫生不過就是熟悉情緒管理工具的人，即使對於工具箱裡的每個工具相當熟悉，還是得要打開箱子使用這些工具才行，當然也有情緒低落，沒有動力使用這些工具的時候。有幾個晚上，詹醫生與患者諮商完後，在回家的路上不斷想著自己對於患者的某些應對仍然不甚滿意，覺得自己還能給出更好的答覆，也曾經因為患者的故事而失眠，她想要幫助這些人，但她終究是個帶有豐富情緒的人類，她也會犯錯，也會有低潮。

「很多憂鬱症患者會認為自己『沒有資格得憂鬱症』，不愁吃穿，生命中也沒有什麼巨大變故，憑什麼得憂鬱症？」詹醫生諮商過的許多憂鬱症患者都有這樣的想法，更

不用提像 Tommy 這樣「含著金湯匙出生」的人。雖然這並不是憂鬱症的唯一成因，但到目前為止，腦內缺乏血清素仍然是許多心理醫生認為的憂鬱症主要原因。這就像是腦袋的重感冒，即使平常生活作息正常，吃得健康，沒有受到風寒的人也有可能感冒，我們從來不會因為感冒感到自責，更不用提責備他人。

但一提到憂鬱症，社會大眾卻總是認為一定要是生活困難、生命中遇到重大變故的人才會得到。沒有什麼沒有資格，憂鬱症可是是純粹巧合，一個小事件都能引爆，也許是一件不如意的事情，也許是一時找不夠能聽你說話的人，你就是在人生的這個關口遇上了。

在人格特質上，擁有某些特定的人格特質的人也相對容易罹患憂鬱症，這跟他們的經濟背景或者生活狀況是沒有直接相關的。例如對自己要求甚高的唯美主義者，在各方面都要求自己必須成功、突出，沒有給自己喘息的空間，每當自己犯了一點小錯都不能放過自己，不斷的自我責備，而當自己有所成就時卻視為理所當然。另外還有沒有安全感的依賴型人格，因為對自己比較沒有自信，時常需要外界的肯定來證明自己是被接納的、值得被愛的，常常將自己的價值建立在別人的評價與行為上，花上大把時間與精力討好別人，過度在乎他人想法，忽略了自己的感受。

過去幾年當中，許多看似擁有完美生活的藝人、演員自殺，每一次事件都沒有讓大眾對於憂鬱症的看法有更加深刻的改變，沒有經歷過的人不諒解，正在經歷的人自責，於是有人選擇避而不談，鎖上門後將臉埋進枕頭裡，每天出門前再仔細確認憂鬱沒有在身上留下痕跡，也許穿起長袖，戴著眼鏡，也有人再也沒走出那扇門。

「即使作為一個心理醫生，我也隨時都準備好得到憂鬱症的可能。」詹醫生這麼說，幾乎是一種安慰，連心理醫生都無法倖免的話，你怎麼會「沒有資格得憂鬱症」？

憂鬱自我評估量表

你可以使用台灣人憂鬱症量表（財團法人董事氏基金會授權字號：董氏心衛字第 9702876 號）或直接進入財團法人董事氏基金會網站：

http://www.jtf.org.tw

或者使用嘉南療養院提供的量表如下各頁問卷調查表：

http://www.cnpc.gov.tw/

嘉療為民眾準備了以下的自我評量表，讓大家初步看一看自己現在的特質。

要注意，量表不是像標籤一樣，用來代表自己的價值是好還是差勁的，而只是單純當作一個是否需要進一步評估及協助的指標。嘉療特別提醒大家，這些評量表只是一個初步、簡易的篩選工具，如你自覺很困擾，或發現自己落在高風險群，請你務必向專業人員諮詢，安排進一步的詳細評估。

憂鬱自我評估量表

作答說明，請您根據您自己的狀況，圈選最符合的一項。	沒有或極少 1天以下	有時候 1～2天	時常 3～4天	常常或總是 5～7天
計分	0	1	2	3
我覺得想哭				
我覺得心情不好				
我覺得比以前容易發脾氣				
我睡不好				
我覺得不想吃東西				
我覺得胸口悶悶的 （心肝頭或胸坎綁綁的）				
我覺得不輕鬆、不舒服（不適快）				
我覺得身體疲勞虛弱無力 （身體很虛、沒力氣、元氣及體力）				
我覺得很煩				
我覺得記憶力不好				
我覺得做事時無法專心				
我覺得想事情或做事時比平常要緩慢				
我覺得比以前沒信心				
我覺得比較會往壞處想				
我覺得想不開、甚至想死				
我覺得對什麼事都失去興趣				
我覺得身體不舒服 （如頭痛、頭暈、心悸、肚子不舒服等）				
我覺得自己很沒用				

評估數值

最低分數	分數簡述	分析描述
29	29分以上	你是不是感到相當的不舒服，會不由自主的沮喪、難過，覺得無法掙脫？因為你的心已「感冒」，心病需要心藥醫，趕緊到醫院找專業及可信賴的醫師檢查，透過他們的診療與治療，你將不會覺得孤單、無助！
19	19~28分	現在的你必定感到相當不順心，無法展露笑容，一肚子苦惱及煩悶，連朋友也不知道如何幫你，趕緊找專業機構或醫療單位協助，透過專業機構的協助，必可重拾笑容！
15	15~18分	你是不是想笑又笑不太出來，有很多事壓在心上，肩上總覺得很沈重？因為你的壓力負荷量已經到了臨界點了！千萬別再「撐」了！趕快找個有相同經驗的朋友聊聊，給心情找個出口，把肩上的重擔放下，這樣才不會陷入憂鬱症的漩渦。
9	9~14分	最近的情緒是否起伏不定？或是有些事情在困擾著你？給自己多點關心，多注意情緒的變化，試著瞭解心情變的緣由，做適時的處理，比較不會陷入憂鬱情緒
0	8分以下	真是令人羨慕！你目前的情緒狀態很穩定，是個懂得適時調整情緒及抒解壓力的人，繼續保持下去。

憂鬱檢測 APP 下載

安卓版　　ISO 版

找到思考盲點，改變負面迴圈

詹佳真醫生長年研究認知行為治療（Cognitive Behavioral Therapy，簡稱 CBT），傳統的心理諮商多採用佛洛伊德的心理分析方式，著重於找到情緒的以及心理問題的根源，抽絲剝繭地探究過往經歷（如童年創傷等）對於現在情緒的影響。但找到情緒的根源並不一定能改變事件所引起的情緒。相較之下，認知行為治療重於當下，而非檢討過去經驗。在治療的過程當中，透過提問讓受治療者找到慣性思考的盲點，進而改變一直以來習以為常的負面思考迴圈。

即使不能改變事件本身以及環境，但我們永遠都有改變自己思考方式的權力，這樣的思維在古希臘哲學中的斯多葛學派也時常被討論，如果你不想要再陷在這個情緒中，一定要找到對這個事件不同的解讀與詮釋方式，如同認知行為治療的主要代表人物貝克

（A．T．Beck）所說：「適應不良的行為與情緒，都源於適應不良的認知。」

舉例來說：最近公司來了一個新的主管，時不時便被把你叫到辦公室訓話，你開始對自己的工作能力產生質疑，甚至懷疑自己是不是選錯了工作，漸漸產生壓力以及憂鬱等情緒，每天起床出門上班變成一件十分困難的事情。

將五零年代美國著名臨床心理學家艾理斯（Albert Ellis）的ABC理論套用在這個例子中：**A：緣起事件**（Activating event）**B：信念**（Belief）**C：情緒與行為的結果**（Emotional and behavioral consequence）

A是既定的事件，無法改變的環境（受到主管批評），C則是一個人對於這個事件所產生的情緒反應（壓力和憂鬱情緒），B則是一個人對於A事件的主觀信念（被批評一定是因為自己的工作能力有問題），實際上並無一定根據。受到批評便認定是自己的工作能力有問題是思考盲點，壓力甚至是憂鬱便是這個思考盲點的產物，要改變這個情緒，便要從改變B這個負面的自動思維，也就是所謂的認知扭曲（Cognitive Distortion）開始。

在認知行為治療中，心理醫生通常並不會直接指出這些思考盲點，而是透過提問的方式讓受治療者自己意識到自己長久以來陷入的負面思考迴圈。**D駁斥干預**（Disputing intervention）是一種科學方法應用，幫助受治療者挑戰他們的非理性信念。你可以對自己提問：主管是不是對每一個下屬都是如此？並不是針對你？主管是不是因為剛升遷而求好心切，凡事要求盡善盡美，因此對於下屬有不實際的期待？透過駁斥不斷討戰受治療者一直以來深信不疑的信念。

當我們對於這個信念有更深入的覺知，便能改變這個負面的自動思維，受到主管批評其實與我的工作能力並不一定直接相關，除了我之外的同事也時常被這個新主管批評。也許是因為剛升遷，新主管看起來壓力很大，或許他自己也有情緒管理的問題，這並不是我能夠改變的事實，也與我本身的能力無關。

認知行為治療適用於抑鬱症、焦慮症、強迫症、憂鬱症、創傷症候群和精神性厭食症等，在臨床上有許多心理學家以及多項研究支持這項療法，是目前廣受推崇的治療方法之一。在下個篇章中，詹醫生將透過幾個簡單的練習讓我們釐清自己的情緒，找到負面思考的盲點，進而達到覺知。

當負面情緒來襲時該如何應對

第一步 辨識情緒當負面情緒來襲

我們有時會無法清楚地辨識自己的情緒，只覺得心情不好，卻說不出是恐懼、焦慮、憤怒，又或者是憂鬱。這時候，可以先將負面情緒產生的起因和源由，以客觀的角度描述，甚至可以將自己視為一個教密好友，以第三人稱的角度訴說，當我們抽離自己的角色，可以更容易看到思考盲點。利用簡單的造句，如：因為……（客觀描述一個情境或事實）讓我覺得……（主觀情緒），以文字紀錄或者口語述說。

舉例：穩定交往許多年的伴侶最近變得冷落，不再像以前一樣時常傳訊息和打電話，交往紀念日即將到來，他似乎完全忘了這件事，沒有要一起慶祝的意思，你覺得自己不被愛，既難過又生氣。

第二步 這個想法是有根據的嗎？

找出負面思考盲點在上述例子中，因為伴侶變得冷落是緣起事件，感到難過與憤怒是情緒與行為的結果，認為自己不被愛則是負面思考信念，為自己主觀認知，與事件和情緒並沒有直接相關。常見的不合理的負面思考盲點還包括了以下幾種：

- 所有人都應該要喜歡自己，否則自己就不是被愛的
- 在各個方面都要比別人強，否則就不是成功的人
- 事情一定得依照自己的意願發展才是最好的結果
- 你的情緒是由外界給你的，你沒有決定權
- 別人的批評一定就是代表著自己是不夠好的
- 別人單方面的行為一定與他對我的感覺有直接相關

第三步 改變B信念，以不同的思維替換原先的慣性負面思考

一直陷在這樣的情緒有幫助嗎？有沒有相反的證據？為了證明自己原本的慣性負面思考並不一定屬實，可以透過尋找相反證據的方式證明這只不過是思考盲點。依照上述的例子，先排除伴侶一定是不在乎你、不再愛你了的可能性，對自己提問：「他最近是不是因為工作或者其他因素而面臨龐大壓力，因此沒有辦法像以往一樣對我投注同樣的關注？」「同樣的狀況以前是不是也有發生過？事後是否都證明伴侶仍然是在乎我的，只是因為其他因素而有所疏忽。」等問題，先將自己原先的信念放一邊，提出相反的假設——伴侶仍然是愛我、在乎我的，他最近的行為改變是不是有其他原因？

第四步 避免或改變容易引起負面情緒的A情境

對於目前的狀況我有其他的做法嗎？對於這個容易讓我陷入負面慣性思考的情境，我有沒有能力改變？我可以怎麼改變？例如：透過溝通讓伴侶了解自己的感受以及期望的改變，與其質問伴侶是不是不像以前一樣在乎自己，不如以更開放的態度詢問，對自己的情緒誠實，但對於原先的信念保持開放懷疑的態度：「我覺得你最近似些有點冷淡，讓我覺得有點受傷，但我不確定這是不是我單方面的想法，又或者你有其它的原因，如果可以的話，我希望你可以像以前一樣在午休時打給我，我也很想念你以前總是興奮地計畫我們的紀念日的行程的樣子。」

如果在一開始就將自己的負面自動思維強加在對方身上，往往只會讓對方覺得被誤解，對於實際情況以及負面情緒也大多沒有幫助，對主觀信念抱有質疑，才能讓對方有解釋和諒解的空間，如果在最一開始便告訴伴侶「你就是不在乎我了才會這麼冷淡」，往往只會讓對方感覺被批判，下意識地想為自己辯護，不僅無法改變這個現況，也讓自己對於原先的慣性思考深信不疑，更深陷在負面思考迴圈中。

另一個例子，陷在憂鬱情緒中的人時常不想出門，主觀認為身邊的親朋好友不會喜歡他們這麼低潮的樣子，但這也是一種負面信念，並不一定事實。要挑戰這個負面信念的最直接方法（駁斥），便是鼓起勇氣踏出那一步出門，改變這個容易引起負面情緒的緣起情境（待在家裡並主觀認為身旁的人不會喜歡你現在的樣子），找到相反證據。很多時候你會發現，其實低潮的你也是被愛的，真正在乎你的人不會要你總是開心才接納你，出門後才發現你原先的擔憂根本不存在，那個負面信念不過是一種思考謬誤。

第五步　如果沒有辦法改變，做一件讓自己開心的事情吧

在許多情況下，其實我們並沒有辦法改變情境本身，但我們有詮釋這個情境以及選擇情緒的權力，如果目前的狀況是你不管如何努力都無法改變的，做一件讓自己開心的事情吧。看一部電影、吃一塊喜歡的甜點、買本新書、去自己最愛的海灘發呆，接受你

不能改變的事實，在能改變的事情裡，盡力讓自己開心。

詹醫師曾經有個患者，當了二十幾年的全職媽媽，將時間與精力全都奉獻在家裡，一直到孩子長大成人，孩子離家後的空巢期讓她寂寞又憂鬱，因為孩子離家是必然的，無法改變。詹醫師便問她：「在妳成為媽媽之前，有沒有什麼事情是讓妳開心的呢？有沒有什麼讓妳充滿熱情的事情？」這位媽媽想了想，說：「我喜歡畫畫，以前的我非常喜歡畫畫。」

詹醫師建議媽媽去上一堂畫畫課，不管結果怎麼樣，鼓起勇氣去試一次看看。她先是緊張，害怕被評論，都已經這個年紀的人了，還跟人家上畫畫課？詹醫師給了她一顆對抗焦慮的藥，真的沒有辦法的話，吞下這顆藥，踏進教室，硬著頭皮報名，什麼都不要管了。她在畫廊下的騎樓踱步，來來回回的經過門口好多次，最後，她撕開藥丸的錫箔紙，咕嚕一口混水吞下，二十分鐘後，她跨起腳步走上階梯，報名了第一堂課。

那兩小時的課程中，她得到老師與同學的稱讚，幾十年來都沒有感受過的成就感，她想起在為人母之前，她也有自己的興趣，除了家庭之外，她曾經如此熱愛一件事。

別叫憂鬱快樂點：認識憂鬱症Q&A

二〇一八年的時候，我曾與Yahoo、董氏基金會、精神科醫師詹佳真一起合作，宣導社會眾認識並防治憂鬱症。當年底適逢中華民國直轄市長及縣市長選舉，選後「Yahoo TV彭博士觀風向」直播節目便以「揮別選後憂鬱，醫師教你這樣做」為主題，邀請我和詹佳真醫師，在節目中與氣象達人彭啟明博士一同相談，並回答網友的提問。

因為這場訪談相當精彩，所以在這裡特別摘錄編輯成一篇「**認識憂鬱症**」問答文章，與大家分享：

彭啟明博士（以下用Q表示）　你看起來很陽光正向，怎麼會得憂鬱症？

趙士懿 Tommy（以下用T表示）　我是在不知不覺中得到憂鬱症的。憂鬱症不是說我昨天很開心，然後第二天就得憂鬱症。我覺得它是一個循序漸進的過程。

通常可能是自我期許比較高、自我要求比較高，或想要去適應別人，比如父母親、長輩或老闆對自己的期許，一直逼自己，有點逼過頭了，然後慢慢累積出來的。

以前心情不好，可能跟朋友看個電影、吃個飯就會恢復了，但我在香港工作的時候，因為連續半年每天從早上八點鐘工作到凌晨一、二點，中間不懂得怎樣去調適；週間上班就已經很累了，所以週末我就只想睡覺不出門。朋友約，我也不出去，累積到最後就變成憂鬱症。

Q 你怎麼知道自己是憂鬱症？

T 因為我一個禮拜沒有去上班，完全起不了床。不想出門，不想要去面對任何事情，覺得自己的人生很灰暗，鎖在自己的世界裡面。

因為我是總經理，一星期沒進公司是很大的事，同事看不下去跑來我家，拉我去看醫生，才慢慢恢復。

我真正得憂鬱症，難過在家的時候，是誰都不想見，根本不想接觸任何人，因為我覺得沒有人理解我，然後覺得未來沒什麼希望。雖然外面天空是藍的，但是說真的，我看出去的天空就覺得是黑的。最嚴重的時候，整整一個月沒有踏出家門半步。過去這十年來，我發現其實大家對於得憂鬱症，感到害怕的是，它很有機會復發。

Q 心情不好，情緒低潮和憂鬱症有什麼差別？

詹佳真醫師（以下用詹表示） 現在很多人失落了、期待落空的時候，會有憂鬱的情緒，覺得很沮喪、未來一片黑暗，可是這時候如果你做一些讓自己開心的事情，比如說去瞎買一番、或是去運動、找找同溫層的朋友，找找自己能信任或是和自己理念相近的人談談之後，有一種釋放紓解，那你的憂鬱就會得到改善。吃個大餐會覺得好吃；看個電影，能從電影宣洩你的情緒，那麼心情不好就可以得到紓解。

那當然如果碰到更嚴重的失落事件，比如說像離婚、失業等，心情的恢復也許需要比較久，甚至長達三個月的時間。不過一般來講，心情不好，從事愉悅活動，還是能夠感受到快樂的情緒，但憂鬱症不是，它是一種「病」。

憂鬱症影響的不是只有情緒而已，還會影響到大腦的認知功能，所以你的記憶會變差；也會影響到身體功能，所以會覺得很疲憊，身體好像綁了千斤重，有時候光早上要起床都要花很長的時間，難怪會遲到、甚至沒有辦法上班。此外食慾、睡眠，通通都會受影響。所以當出現這樣的一個狀態，持續二個禮拜，那就是一個憂鬱症的診斷。

它不只是情緒低落，它是完全失去快樂的能力。剛剛 Tommy 有講到，天空的藍已經不再是藍，食物的味道，也不是食物的味道，所以這是一個非常痛苦的一種疾病，絕對不是你的意志力能夠控制的。

T

所以強調一定要就醫。如果你看到你身邊的親朋好友因為某些事件，情緒持續低落二、三個禮拜。你心情不好，我在你身邊我感受得到，如果你持續二、三禮拜心情都不好，身為你的朋友，就要帶你去看像詹醫師這樣的專業醫師，而不是勸說：「你不要想太多啊，一定會好，加油！」

當你得憂鬱症的時候，別人講的話你是聽不進去的。像詹醫師說，那是大腦的認知功能出現問題的「病」，勸當事人基本上沒有什麼太大的意義，反而會讓他覺得你根本不了解他。

詹

憂鬱症的人，他的心就像戴了一個篩子，會把所有好的東西都排除在外，你跟他講了再多好的事情，進來的就是只有負面。對自己，覺得自己不夠好；對未來，覺得未來沒有希望；覺得朋友也不再接納他……所以不管你跟他講了再多正面的話，也進不了他的腦袋。

Q

得到憂鬱症時，是怎樣的狀態？

T

我會一直想要睡覺，一直不想起床，雖然腦袋已經醒了、眼睛已經睜開，但就是不想起床，不知道起床要幹嘛，一點意義都沒有。雖然有很多事情要做，但那時的腦袋裡就想：「拖一天也沒關係，拖二天也沒關係。」一點動力都沒有。會覺得其實我做這些事，對未來也沒差，對未來完全不抱任何希望，無論做什麼都沒有任何幫助、也沒有任何意義，覺得很無助。旁邊的人想幫我、想勸我，每一句話都聽得懂，邏輯思考、道理都懂，但卻沒有動力去做任何的改變。

Q 憂鬱症為什麼會找到你？是你自找的嗎？

T 我覺得你這個問題非常好。其實過去這七、八年，我一直在思考這個問題。人家怎麼看我都是一個人生勝利組：家庭圓滿、學歷很棒，工作也不錯，對不對？但是為什麼我會得到憂鬱症？

後來我仔細思考，發現那是因為我以前沒有培養一個好的紓壓、調適心情的習慣，當事情來的時候，我對自己的要求又很高，又想呼應外界對我的期待，比如父母、長官，以及社會大眾對我的期許，當然那可能是我自己創造出來的啦，但因為以前大家對我都是比較捧場，我會覺得那我應該要做得更好、估得更高。後來發現，是我把自己逼太兇了，對自己的期待太高，對社會、對別人跟我互動的期待太高，所以導致不順我的意，就心情不太好。

最嚴重的時候，為了救自己，跟詹醫師討論之後，我還列了一個「每日必做清單」，比如早上就一定要做運動，像是做十分鐘瑜伽，一定要先看一份報紙之類的，讓生活正常化。然後一星期一定要安排二次跟朋友聚餐，培養一些固定的興趣。後來我發現，當我把這些習慣訂出來，徹底去執行的時候，就算心情中間有起起伏伏，但因為做了這些事情，我的心情恢復得比較快。

Q　什麼是紓壓的方式？

詹　如果照世界衛生組織的建議，在預防憂鬱症上，他們會建議希望在青少年時期，社區就建立二種紓壓方式：一個是規律的運動，一個是建立正向積極的思考模式。剛剛 Tommy 簡直就像教科書一樣，做得很標準，也是成功的範例。

憂鬱症患者第一件事，就是要建立一個清單，強迫自己去做愉悅的活動。當然運動也要在裡面，第三個，找到你信任的朋友，多跟他聊聊。多跟他聊聊之後，感受到朋友對你的支持，你黑暗的天空裡就會露出一點點的曙光，如果繼續努力的話，光就會漸漸地展開。

Q　低潮的時候去運動，這樣有效果嗎？

詹　理論上來說，文獻裡面提到，輕度到中度的憂鬱症，靠運動跟心理治療是會改善，但是需要時間來改變腦部的一些結構，所以需要八週到十二週才會看到效果，所以需要有耐心。

Q　為什麼你願意這麼勇敢分享？

T　我以前比較不敢講，但後來我就慢慢轉念了。因為我以前一直不講、不坦白，我心想：「會不會也有很多人跟我一樣，因為不敢說出來而感到很痛苦，那我寧願講出來。」

後來慢慢發現，我越來越敢去面對憂鬱症、越敢跟朋友分享我為什麼會得憂鬱症？對於憂鬱症，我們自己要怎麼面對？親朋好友要怎麼處理？其實大家會有個迷思，就說：「你不要想那麼多啊，出去幹嘛幹嘛」，但其實都是迷思。所以我這裡跟詹醫師、跟董氏基金會，當然也得到Yahoo的支持，我們前一陣子有請了二個網紅，像是「Una Who」透過生動易懂的短篇動畫，將「憂鬱症」圖像化及擬人化，來貼近青少年及網路族群；「超強系列 SuperAwesome」則透過教導韓文的負面情緒表達，進一步說明憂鬱症症狀，澄清迷思。並拍一些關於憂鬱症正確宣導的影片。

Q　是不是生活匱乏的人比較不容易憂鬱症？

詹　這是很多人的迷思，其實憂鬱症是非常博愛的，不分王公貴族、販夫走卒，也不分藍綠、不分年紀，就是人人有機會。這真的是需要像 Yahoo! 這樣的媒體跟 Tommy 這樣事業成功的人士，來幫助大家了解，憂鬱症是這樣的廣泛跟普及。並傳遞一個訊息：得到憂鬱症的時候，一定要趕快去治療。

其實像我也是一直在做憂鬱症的宣導，希望如果有一天我自己得憂鬱症的時候，不要有像「那個治療憂鬱症的人，居然自己也得憂鬱症！」這樣對憂鬱症污名化的聲音。

Q　有憂鬱症不敢說出口。

T　說實話，大家或許會有一樣的感覺，就是當你常常去關心一個朋友，朋友都不聽你的勸，你想約他、想幫助他，但他都不接受你的幫助，久了你也不會想理這個朋友了。後來我發現，這是一個錯誤的想法，不是他們不想幫你，而是到最後不知道該怎麼幫得憂鬱症的朋友。

我們要讓大家知道一個正確的觀念，你要如何去關心憂鬱症的朋友？如果你覺得他的情況不對，不是只說：我帶你去喝酒、你要想開一點，不要想那麼多。而是帶他去看像詹醫師這樣的專業醫師或心理諮商師，去做治療。

Q 有沒有指標或檢查，可以發現自己有憂鬱症？

詹 首先，這是沒有指標的。有些病人一進門診，問我：「外面坐那一排候診的人是誰？他們看起來都很正常。」我回答：「他們看你也是這樣。」從外表都看不出來。但到中、重度的時候，可能對外表就比較不在乎。我看憂鬱症個案很有趣的一件事就是，他可能第一次來的時候，穿著運動服、臉上都沒有上妝，治療一段期間，有一天突然來的時候，完全好像換了個人，頭髮整理得很好，衣服也穿得非常整齊，你就知道他的憂鬱症好了。

中、重度比較嚴重的，可能還會脫離社交活動。剛剛有位網友有說很怕得憂鬱症被朋友知道，其實剛好相反。我有一些憂鬱症的患者會去參加一些社交活動，像是扶輪社或一些助人的公益團體，其中一位就是像 Tommy 一樣，很嚴重的時候沒辦法出門。因為他平常是一個很熱心的會員，沒辦法出席活動，其他會員發現不對，所以帶他來就診。

目前憂鬱症的診斷是用描述性，基本有九大症狀，如果符合其中五項連續二個星期，就可能是憂鬱症。不過這是由醫師做診斷。

董氏基金會已經做了十年以上的憂鬱症篩檢。我們平常都會去健檢，為什麼對自己的情緒不做一些篩檢呢？所以我們會用憂鬱檢測量表，上面會有得分的加總，在不

精神疾病診斷準則手冊 DSM-5
定義憂鬱症的九大症狀

1 一天中大部份時間都很憂鬱

2 對日常生活皆失去興趣

3 體重減輕或體重上升

4 失眠或過度睡眠

5 精神運動激昂或遲滯

6 無價值感或過度的罪惡感

7 疲勞或失去活力

8 思考力、注意力減退或容易猶豫不決

9 反覆地想到死亡或有自殺意念、企圖自殺等情形

董氏基金會憂鬱檢測 APP（完全免費，歡迎下載）

https://reurl.cc/EZKNQ1

成年人憂鬱症檢測量表

http://bit.ly/2x2AlxQ

青少年憂鬱症檢測量表

http://bit.ly/2x6IFvQ

同的分數會給你不同的建議，例如去運動或找朋友聊聊天。若比較嚴重的話，就建議先去找專業人員，去做一個進一步的診斷。

Q **憂鬱症可以喝酒嗎？**

詹 這也就是「一個人的選擇會決定未來的方向」的例子，你如果選擇抽菸喝酒的方式解憂，下次心情不好的時候，就會再度抽菸喝酒。有些人因為用喝酒來治療自己的憂鬱症，結果變成酒癮。很多憂鬱症治療會合併酒癮，常常分不開來，這是值得注意的。所以我們強調，最好的方法就是運動。

T 我分享一個個人的訣竅，可以泡泡鹽水澡，或夏天時去海邊泡泡海水。因為我發現鹽水有非常清淨的功能，會讓你的情緒冷靜下來。

Q 有網友表示，因為失戀了得憂鬱症。

詹 失戀就是一種失落。很多大學生也會得憂鬱症。

T 美國連小學生都會得憂鬱症。

詹 我想提出呼籲，其實自殺是青少年死亡的第二大原因，根據中研院鄭泰安研究員的研究，自殺不是一件沒有憂鬱症的人會去做的事。所以要預防自殺，治療憂鬱症是非常重要的。

Q 憂鬱症是抗壓性差嗎？

詹 憂鬱症基本上是生物、心理、個性跟社會因素所造成的。生物性指的是，如果你的家族有人得憂鬱症，那你得憂鬱症的機會也相對比較高，有這樣的體質因素。心理方面，比如說成長過程曾經被霸凌、暴力或性侵等重大的生活創傷事件，也比較容易得憂鬱症。

再來就是個性，如果是比較完美主義、比較依賴性的人，生活中比較容易經歷到失落事件。還有來自社會環境的壓力，如果整個社會環境充滿比較多的不確定感、比較多的負面事件，比較容易得到憂鬱症。

這些都是可以透過認知行為治療，像剛剛提到的，你是可以鍛鍊自己的心智、訓練自己找到替代性的想法，不要繼續負面思考。

T

我覺得憂鬱症患者不是抗壓性差，其實他們的抗壓性說不定比一般人還要強，只是持續抗壓太久了，就像電線突然燒斷一樣，很難再修補。

我發現我為什麼一再調整自己的認知跟想法、觀念，是因為我真的很努力。過去十年來憂鬱症一直復發，起起伏伏的主要原因，是我沒有培養一個固定的運動習慣，因此我去追隨過佛教、道教，去過教會，也去過靈修、打坐，所有的自然療法我也幾乎嘗試過一輪了，成效還是有限。後來我覺得真正幫助到我，是我去練了一個印度來的瑜伽式的淨化呼吸法，它得持續練四十天。

我以前就是沒有培養過這麼長的習慣，養成習慣之後，慢慢的不做反而會覺得不舒服。經過了二年多，再配合吃藥，幾乎沒有再復發了。

Q 憂鬱症要治療多久才會好？

詹 以失戀這樣的重大失落事件，大概要治療三個月才會復元。而像 Tommy 剛剛說，持續做淨化呼吸法至少持續四十天才會改善。

一般來說，憂鬱症的藥物治療，至少要二～四週才會發生效果，所以治療二～四週之後如果改善不多，我們就會換藥。所以治療憂鬱症，大概平均要持續治療二～三個月才會得到改善。

Q　憂鬱症和躁鬱症的差別？

詹　躁鬱症基本上分為躁期跟鬱期，在鬱期的時候，它的症狀跟憂鬱症幾乎完全一模一樣，但是在躁期的時候，心情會比較亢奮，充滿了快樂的情緒，無限的自我膨脹，會覺得自己非常有能力，活動量也會很大、好管閑事，也幾乎不需要睡眠。

通常躁鬱症的發病，是躁症跟鬱症交替的，通常都是從憂鬱症開始發作，前面幾次可能是憂鬱症，之後可能變成躁期；所以在治療憂鬱症一陣子之後，當醫師發現它其實是躁鬱症，醫師就會趕快調整藥物。如果躁症沒有被處理，可能會出現一些傷害性的行為，因為他過度自信，可能會盲目的去投資之類。

Q　如何預防變成躁症？

詹　躁鬱症的人，病程本來就是有時候躁症、有時候鬱期，前面幾次先是以憂鬱症來顯示，後面幾次是躁症，所以有可能在治療過程是會變成躁症，所有的精神科的診斷都要經過專業人士面談之後才能確認診斷。

如何預防變成躁症這件事是比較難的，因為如果沒有發作躁症的話，通常是比較不容易知道。但如果家族裡有人得過躁鬱症，或他發作的時候比較多是以焦躁不安為主，就比較有可能是躁鬱症。

Q　怎麼預防憂鬱症？

詹　憂鬱症的防治上面，不管是預防復發或是預防得憂鬱症，**第一，當然就是規律運動。**因為我們知道規律運動會產生一些對愉悅心情有關的一些神經傳導物質。

第二，要去設定一個合乎現實的一個目標。那其實 Tommy 就是很標準台灣教育之下的就是完美主義。我記得我小時候只要是考九十分，就是要被打十下的，台灣的教育底下，永遠就是我們考九十分之後，看到的是十分不完美的。建議父母親教育孩子時，要讓他看到他已經有得到九十分。當小孩子成績不好的時候，你如果希望他考一百分，如果這次只考七十分，也許先設定七十五分或八十五分，讓孩子得到進步的成就喜悅，他才能繼續往前跨另外一步。

第三，就是要開發自己的興趣和嗜好。快樂的來源是什麼？我們大腦有一個酬償系統，比如當我抽菸的時候，這個酬償系統，多巴胺就會釋放出來，我就會感到很快樂；但是當我不做的時候，這個多巴胺的功能慢慢就消退了，我就覺得不快樂了。那我就會回想，上次快樂是怎樣來的，就會再做。

所以你的快樂如果是來自物質，比如來自買超跑，一上路之後，開一開，快樂的感覺就不新鮮了。那當我的多巴胺不分泌的時候，我就會想：「我要再買更大的！」──慾望無窮盡的結果，你永遠都會覺得不滿足。所以第三要預防憂鬱症，就是開發並建立良好的興趣和嗜好。

第四，你一定要有一個社團，要有一個歸屬感。你在同溫層裡面，大家就會找到共同想法的朋友，然後覺得有一種同在一起的凝聚力，感覺自己並不孤單，這是最重要的。

Q 如何預防憂鬱症復發？

T 我覺得是二個層面，一個是生理層面、一個是心理層面。

除了有固定的運動，或是多跟大自然接觸之外，另外是你要去訓練自己的認知，跟你對事情來的時候，你的期望值的調整。

假設今天我一直運動，但問題是，我對所有事情的要求還是一樣高，那坦白講，就很容易復發，就跟我之前一樣。因為我一直沒有覺得需要調整自己的認知，認為那都是屬於心理行為的部份。

而我現在為什麼越來越快樂？因為我除了運動之外，還去調整、反省，過去我為什麼會得憂鬱症？我對什麼東西不滿意？那些東西，到底是我自己創造出來的一個莫名的期許期待？還是社會對我不公平？或是誰對我不公平？後來我發現都不是，那是我自己創造出來的一個很高的期許、期待值，但因為世界又不是繞著我轉，可能以前我是這樣覺得啦，但現在不會。

Q　憂鬱症是要看心理諮商師還是精神科醫師？一定要看醫師嗎？

詹　其實是都可以的。精神科醫師和心理諮商師的差別在於，精神科醫師是比較整合的在看你的環境壓力、個性、整個成長過程及你現在的身體狀況，其實憂鬱症跟你的心臟、血管，你的疾病、藥物及甲狀腺功能有關，所以病患來的時候，醫師會先針對一些疾病、藥物等情況來進行一些排除。

而心理諮商師是直接針對你現在所碰到的問題、造成你情緒不好的事件，指導你調整你的角度及看法，讓這件事不再困擾你。其實一個進步的國家，應該是一個心理師的使用率會很高的社會，台灣現在無論是諮商師或心理師畢業的學生都很多，很鼓勵有機會可以跟專業的諮商師或心理師聊一聊自己的狀況，對你自己會有更多的認識。即使你沒有病，也可以找到一個讓你更快樂的生活的方式。

Q　治療憂鬱症要花很多錢嗎？花多少錢才能治好？

T　很感謝政府，我都是用健保卡看醫生。

詹　基本上藥物治療、心理治療，健保都有給付。藥物治療和心理治療加和起來的治療效果是相當的不錯。但還是有一部份，大約20％的人對這些治療沒有反應。衛福部二〇一八年四月通過一個新的RTMS治療，需要自費，套裝大約需要五萬元。但是否效果更好，也不見得。

Q　哪些話千萬不能跟憂鬱症患者說？

詹　沒有得過憂鬱症的人，以為憂鬱症是自己想出來的，但其實不是，憂鬱症就是一種腦部的疾病。你的腦部生病了，不把腦部調整好的話，你的思考、情緒都會受到影響。所以「你已經比別人好了，為何你還不快樂？」大腦的神經傳導值不夠，當然快樂不起來。

這真的是沒有得過憂鬱症的人不會了解，特別是「加油」這件事，對他們來講，真的是特別大的打擊。

彭　我跟你說加油！跟你說要好一點，Tommy 加油！

T　不行。

詹 我全身像裝了鉛塊，這麼難過，然後我的腦袋一片空白，我勉強走到這裡，我還來上班了，我還來見你了，我還不夠加油嗎？

T 你們有沒有發現，這個都是用我們正常人的邏輯思考，角度對不對？如果反個角度想，用同理心的方式去關心他：「有沒有我可以幫到你？你有沒有想去哪裡？你有沒有想要吃什麼？」而不是跟他說：「你不應該這樣想」。

Q 朋友說：我不想活了，怎麼辦？

詹 通常憂鬱症的人在一段時間裡，往往會有自殺的念頭出現。什麼樣的人會出現自殺的念頭？當你覺得未來一片黑暗，沒有希望、沒有目標，而且這麼難過，看起來是沒有人可能幫助你，無助感，沒有價值感。這麼痛苦的日子活下去還有什麼意義？當你有這種「沒有價值感、無助、無望」的時候，通常會想著：「我要如何結束？」

這個自殺念頭在面對這三個情況時都會出現。當面對生與死的時候，每個人都會覺得很徬徨。

在面對出現自殺念頭的時候，他可能不是真的想死，而只是想結束這個痛苦。所以他們壓力很大時，願意跟別人說：我很想死，我為什麼很想死，我想死的這些原因，是否可以用其他的方法得到解決？如果有機會這樣說出來，多半的人會打消自殺的念頭。

所以當有朋友對你說：「我真的很不想起床。」你千萬不要回答他：「不要說這種傻話了。」這樣反而會讓他更覺得「我是沒有價值的，我連活都沒辦法活下去」會加重他無助無望的感覺。

所以接收到這樣的訊息時，最好的方式就是鼓勵他說出：為什麼他會有這樣的感覺？是否可以找到其他的方法來幫助解決這些問題？

當然，最重要的是要尋求專家的協助。

Q　出現想自殺的念頭，都是有憂鬱症嗎？

詹　任何人在沒有價值感、無助、無望的時候，都會出現想自殺的念頭，剛提到診斷的症狀有九個條件，只要符合五個就有可能是憂鬱症。有自殺念頭不一定代表有憂鬱症。

Q　憂鬱症一定要吃藥嗎？

詹　輕度或中度可以靠運動還有一些心理治療，但是需要三個月。如果只做二個星期，肯定沒什麼效果。

Q　如何幫助有憂鬱症的人？

詹　首先協助他有規律的運動，幫助他睡好、吃好，最重要的，如果真的比較嚴重，真的是需要專業的協助，它不是只是情緒低落而已，Tommy 剛剛一直呼籲還是要就醫，有正確的診斷，才能有正確的目標和策略。

Q　憂鬱症會傳染嗎？

詹　憂鬱症不會傳染，但憂鬱情緒是會感染，你身邊心愛的人是會受影響的。所以呼籲要做好預防。

T　有些朋友的確因為得到憂鬱症而被排擠，失去工作。憂鬱症不會傳染，如果周遭朋友得憂鬱症，或有勇氣承認自己得到憂鬱症，我們更應該去關心他、鼓勵他，幫助他走出憂鬱症。得到憂鬱症並不會影響他的能力，只能影響他短暫的情緒。如果他得到憂鬱症還願意到公司上班，那我們更應該鼓勵他而不是排擠他。

得到憂鬱症不是什麼丟臉、可恥的事，你若得到心臟病不會不敢說，那為什麼得到憂鬱症卻不敢說？不要歧視他們。

跟公司坦承自己有憂鬱症，會不會老闆就不敢錄用了？說實話，現在普遍答案是肯定的。但對我來說，我反而想錄取，因為一般得憂鬱症的人大多自我要求高，或許工作表現反而表現好，也許還得要他降低些自我要求。

詹

二個觀念要澄清，第一個，憂鬱症常被跟一些人格違常混淆。我很佩服 Tommy，以他學經歷這麼好，事業成功的人願意現身說法，現在幾乎完全康復，讓我們知道，它就是一個可以幾乎完全康復的疾病。可能會像 Tommy 一樣，一段期間會暫時比較糟糕，但開始探索自我，反而會對自己的人生觀、價值觀有所改變，找到更有意義更有價值的生活方式。

第二個就是對憂鬱症的污名化，就是造成治療的障礙，社會上應該有更多像Tommy這樣傑出成功的人士一起加入現身說法。

我在門診的經驗也發現，的確有些企業已經允許這些憂鬱症的患者適當的假期去接受治療，也的確他們經過治療回到公司之後，表現得更好、更賣力。很多老闆都知道，其實許多得到憂鬱症這些個案，都非常優秀的。所以我想，社會慢慢的在改變。其實我更擔心憂鬱症的蔓延。世界衛生組織已經提出警告，憂鬱症會造成所有疾病負擔的第一位。

T

我想呼籲大家，其實憂鬱症並不恐怖，只要你培養健康的生活習慣，包含運動、飲食，改變對一些事情的看法跟想法，憂鬱症是可以像我這樣百分百康復的。讓我們呼籲身邊的親朋好友，怎樣可以正確去幫助可能得到憂鬱症的朋友，大家一起來預防憂鬱症，一起降低國家醫療的負擔，降低你身邊親朋好友人的心理負擔。

Yahoo TV 彭博士觀風向

揮別選後憂鬱　醫師教你這樣做

2018.11.26 完整版

https://reurl.cc/WX4ZmO

Yahoo TV 彭博士觀風向

加油好嗎？這些話千萬別跟憂鬱症說

2018.12.12 精華版

https://reurl.cc/82lZg4

Part 4

我能走出憂鬱，你當然也可以

當情緒如海嘯來臨，每件小事都變成折磨，
用盡所有力氣與自己戰爭，在探索的過程中，
我似乎漸漸找到了屬於自己的答案。

走出憂鬱的心路歷程

二〇〇八年，我在香港憂鬱症最嚴重的時候，決定辭職回台灣。那段期間，曾經整整一個月沒有踏出家門一步，都是叫外送或我媽媽拿東西給我。我不能想事情，因為一想就會想到負面，覺得自己很沒用，達不到老闆的期許、對不起爸媽，甚至會想要自殺。

媽媽叫我去看醫生，但情緒低落的我根本不想求診。我很怕煩，也叫我媽不要煩我，只能藉著一直追影集來麻木自己。在無計可施的情況下，我媽只好假裝自己是病人，把我的症狀轉述給精神科醫師，拿醫師對症開的藥回家給我吃。吃了大約二個多星期的藥之後，我的情況開始好轉，這才稍微有動力，開始會想要做事情。

因為憂鬱症真的很痛苦，想自殺的念頭也很要不得，畢竟那會令父母及親友太傷心，於是我下定決心要更珍惜自己的生命，告訴自己：「一定要努力走出憂鬱症！」吃了藥情況稍有好轉之後，便開始了一趟不回頭的療癒旅程。

在這裡簡單分享一下我的心路歷程，給有類似困擾的朋友參考。首先，強烈建議你一定要去看醫生、吃藥。不要覺得自己一定可以走出來，當你處於憂鬱症的時候，因為長期的心情憂鬱或低落，體內的多巴胺、血清素等內分泌就不平衡，導致你根本沒有動力。

以我的個人經驗來說，那時候我都知道自己應該要去運動、應該要出門等，但我的身體就是不聽話、就是不想。有時候好不容易都已經走到門口了，卻還是不由自主地停下腳步，放棄出門。

當吃了藥、情況總算開始好轉，我會出門到自己的投資公司上班，但壓力來的時候，或有時沒注意，不小心把自己搞得太累，憂鬱症還是會一直反覆復發，有時甚至吃了藥也沒有用。

後來我實在受不了了，開始到處去上不同的課，像是靜心、自我成長等課程，甚至還試過找一些會通靈的老師，探詢看看自己是不是哪裡有卡住。只能說，為了學習如何跟憂鬱症和平相處，我真的付出很多努力。

尋求信仰，清理心中雜訊

許多人會從宗教尋求精神寄託與心靈平靜，深受憂鬱症所苦的我，也不例外。首先，我輕扣佛教的大門，向一位帶髮修行的 Judy 王老師學習《心經》、《金剛經》、《華嚴經》，在她的教導、導讀之下，開啟佛學之門。透過了解經文的意義，以及學習遇到事情的時候如何運用佛法的智慧讓自己加速轉念，來放下心裡的不愉快或生氣。

我當時的女朋友每週會去上二次課，我也都會陪她去上課，一起持咒、念經。我不但把《心經》背下來，也很聽話，甚至早晚都會做功課、迴向，相當虔誠。那段期間身體變得很敏感，有時進到一個空間，如果那個空間裡有眾生的話，我的頭皮會麻一圈，就知道祂們的存在。那是我第一次感受到眾生的真實存在。我不安地請教老師該怎麼辦？

老師回答：「不用擔心。基本上如果你跟祂們沒有太大的恩怨的話，你感應得到祂只是因為你念了經，心更靜了，身體變得更敏感。」我後來發現，那就是一種能量存在，卡在那個地方。

說到這個，不由得想起一次難忘的經驗。大約二〇〇七、〇八年的時候，我曾去上海出差，剛好在號稱「上海四大佛寺」之一的「靜安寺」附近開會，大約下午二、三點的時候，會議提前結束，我心想：「既然沒去過這座名剎，擇日不如撞日，不如就去參訪一番！」

進去裡面之後，發現那裡果然名不虛傳，相當莊嚴寧靜。走著走著，發現後面有一區看似僧侶住的區域，然後看到裡面有一座正在裝修的塔，詢問之下是可以參觀的，於是我爬上了五樓，欣賞美麗的夕陽風景。

外面車水馬龍，喇叭聲不斷，但在這座矗立於鬧區之中的寺廟裡，卻彷彿異次元般，相當莊嚴肅穆，整個心情很平靜舒服，是一種相當特別的體驗。欣賞了大約十多分鐘，我就轉身下樓了。

在三樓往二樓的轉角處迴轉的時候，毫無徵兆地，我的肚子突然痛到不由自主跪在地上；同一時間，我彷彿感應到那是一個四十多歲的中年男子，之前在前面的十字路口被車子攔腰撞倒，當場不治身亡。

幸好之前我就曾經請教過老師：「如果遇到這樣的狀況，該怎麼處理？」老師那時教我：「這其實你也不用過於擔心，因為你常常在念經，身上的光和一般人不一樣，眾生感到好奇，會靠過來。當你身體比較敏感的時候，祂們的感受你就會知道。這時候沒關係，你就念七遍《心經》迴向給祂，跟祂說你的功力不夠，幫不了祂，哪裡可以去修行，請祂去那裡聽經聞法，並祝福祂：『希望祢可以早一點離苦得樂。』」

也因為如此，我才知道，原來這些眾生在離世的時候，要不就是走得突然，心有不甘，祂不甘的情緒太大，能量會留在原地；要不就是有很大的執念，放不掉，不願離開。這時候我想起 Judy 老師教我的方法並照著做，奇妙的是，肚子痛的感覺就消失了。

《般若波羅蜜多心經》，一般簡稱為《心經》或《般若心經》，是《般若波羅蜜經》的心要，意思是要人們「不執著」。雖然只有短短的二百六十個字，卻含括了六百卷《大般若經》精髓，每一個字都具有無上智慧，讀懂祂，就能找到不煩惱的方法。

因此很感謝 Judy 老師帶我領略《心經》的法要，我也進而花了不少時間了解其中每一個字、每一句話的含義，進而明白經文希望我們怎麼做，盡可能地運用在日常生活中。直到現在，當我心情感到煩躁的時候，我也會念念《心經》，讓智慧的經文，清理心靈的雜訊。

《般若般羅密多心經》

觀自在菩薩。行深般若波羅蜜多時。照見五蘊皆空。度一切苦厄。舍利子。色不異空。空不異色。色即是空。空即是色。受想行識。亦復如是。舍利子。是諸法空相。不生不滅。不垢不淨。不增不減。是故空中無色。無受想行識。無眼耳鼻舌身意。無色聲香味觸法。無眼界。乃至無意識界。無無明。亦無無明盡。乃至無老死。亦無老死盡。無苦集滅道。無智亦無得。以無所得故。菩提薩埵。依般若波羅蜜多故。心無罣礙。無罣礙故。無有恐怖。遠離顛倒夢想。究竟涅槃。三世諸佛。依般若波羅蜜多故。得阿耨多羅三藐三菩提。故知般若波羅蜜多。是大神咒。是大明咒。是無上咒。是無等等咒。能除一切苦。真實不虛。故說般若波羅蜜多咒。即說咒曰。

揭諦揭諦　波羅揭諦　波羅僧揭諦　菩提薩婆訶

重新思考該用什麼態度面對生活

除了佛教，因緣際會之下，我也接觸到道教的生命課程，一切的緣起，是拜 Eric 老師所賜。大約二〇一〇年左右，我已經成立用心快樂企業了，編劇朋友林其樂正好想透過漫畫或插畫做公益，來找我討論看看有沒有辦法通過數位出版，幫助一些插畫家創作能幫助別人的插畫，並介紹 Eric 給我認識。

當時的 Eric 和他弟弟都是插畫家，一起開了一家行銷公司；他們的父親則好像是一間廟宇的廟公。當時我聽其樂詳細說明計劃後，經過評估不可行，便沒有進一步合作，後來就很少跟 Eric 聯絡。

林其樂堪稱是帶領我開始靈性修行的啟蒙人、也是我的好朋友，一路上非常關心我，也常和我分享各類靈性修行的法門與奧妙。大約在二〇一二至二〇一四年期間吧，其樂跟我說：「Eric 已經開悟了，現在自己開一間教室，帶領一些學生跟著他修行，你要不要去找他聊一聊呢？」

我反正覺得好奇，在其樂的陪同下，去找 Eric 聊天。他一開始的模式比較是幫人家解惑，後來慢慢發展出一種學派。他不會跟你討論太多種角度，而是比較偏向教你怎樣待人處事等做人的道理，然後會幫你祈福。背後的理論基礎是比較偏道教。

我跟 Eric 老師學習到什麼是無私的付出與奉獻，也學到很多面對人生的道理與實踐的法則。像是，如何真正的利己利他，然後幫助別人呢？許多宗教都會說，要盡量幫助別人，要去做好事，但比方說如果今天有人向你求助，你要去思考，這樣幫對方是對還是錯？會不會反而是害了他？然後也要思考，這是不是超出你的能力範圍？例如有些人可能連自己都顧不好了，還硬要去幫助別人，結果反而害慘自己。

所以要深思，對對方不要只是表面的幫助，同時也要幫忙提昇他的意識，這是覺知的層面。我將這個重要的核心思想銘記在心，後來不斷運用在很多事情的處理上。

對於有些朋友，則是救急不救窮。另外，有些朋友可能看不到自己的問題點，在我已經提醒他、幫助他，但他還是不願意面對自己的問題點的情況下，如果當時我自己的狀況也不大好、無法繼續從旁協助的時候，就會選擇切割，不要影響到自己的心情。

有的朋友會因為我的切割而不能釋懷，生氣地說：「以前你會幫我，為什麼現在不繼續幫我？」我會回應：「我能幫的就幫，但我該說、該建議你的你都不聽，不聽就算了，你自己也要有所覺醒，才能救自己。」我學習到，幫助別人也是要量力而為、適可而止的。

值得一提的是，在Eirc老師的課堂上，我第一次體悟到什麼叫做「真正的喜樂」——上課上到一半，就好像電影、漫畫裡那種電燈泡亮起來，很開心、很喜悅，然後能量飽滿，之後連續三天都處於這樣的狀態，完全不會想吃東西，也一點都不餓，只需喝水。但我當時的女朋友是無神論者，看到我的狀況，覺得這樣不正確，對我說她真的很擔心我，這讓我感到很不好意思。為了不讓她擔心，才開始進食。坦白說，如果不是她的制止，依我當時的狀況，我應該還能持續幾天斷食不成問題。

同時 Eric 老師也開啟我一些通靈的技巧。不過那時的我功力不夠、又還沒學好分寸的拿捏，甚至有時還會因為自己稍有通靈能力而自大自滿，透露不該由我洩露的天機，反而對自己造成不好的影響，像是不小心受傷、做事或投資不順，甚至出車禍等。

這些突發的事故，讓我意識到「天機不可洩露」這句話自有它的道理，凡事上天自有安排，有些事就是不能說那麼白；特別當我反省了自己的自大之後，就覺得這樣實在不行，從此自然而然比較少特別去感應，而且就算感應到了也不再特別說出來。

其實每一個老師都讓我有一些改變，只是這個過程是讓我還有印象，對於很多未知的事情更了解，對很多事情的看法會更不一樣，會調整；然後在待人處事上，自己的行為會更小心謹慎，並且訓練自己當心中的念頭升起時，可以做到「不阻擋、不抓取；觀察也經營」。

此外，現在的我，只要不是出自真心，讚美的話也不會輕易說出口。假設你常常說一些漂亮好聽的話，但卻不是出自真心，那最後有可能會碰到別人也這樣對你，你可能會因此被誤導、或被他欺騙。所以就連是開玩笑，我也要是真心認為的才會說出口。

好比說今天大家都稱讚你穿得很漂亮，但若我內心沒有同感，我就會選擇沉默而不附和別人讚美的話語。又譬如，有些人則會說一些善意的謊言去安撫對方，如果是我，我會選擇不說，或者只講一半，另一半比較傷人的就選擇不說出口。主要是因為跟 Eric 老師學習之後，明白了「凡事都有因果」的道理，我再也不會輕易去造口業。

還有好比說有些男人為了占女孩子便宜，不惜花言巧語，但我不會因為人家對我有意思就隨便占對方便宜。以前我交往過的女孩子都有稱讚我這一點。

如果那段時間我沒有想交女朋友，我會直白的跟對我有好感的女孩子說：「我現在沒有很想交女朋友，但如果我們在一起很開心的話，那或許可以嘗試看看。」但我後來發現，這是我單方面認為已經事先說得很清楚了，事後回想，還是傷害對方。因為對方本來就喜歡我了，她們難免會抱著一絲希望，希望跟我在一起之後我會改變想法，甚至愛上她們。

三十多歲時，心還沒定下來，比較愛玩，那時候有對不起幾個女孩子，但她們人都很好，都還有保持聯絡。經過深切的反省，我意識到過去的自己，完全沒有考慮到對方的立場與感受，實在太自私了，非常不應該。

後來我有進一步透過 Facebook 向她們道歉。這樣的舉動令她們感到意外，都說：「你真的變了。」另外她們也會回應，能得到我的道歉，也幫她們放下一些心中的疙瘩，讓她們釋懷許多。

談到這裡，不禁想起，我曾經跟一位女孩子論及婚嫁，卻因為我不當的行為傷害到對方，導致解除婚約。而正因為我是真的很愛她，才會交往到論及婚嫁，所以這場分手，讓我十分傷心，之後的兩年我都沒有再交女朋友。

經過兩年深切的自我反省，體悟到我是真的傷害到一個我很愛的女孩子，頓時驚覺，那時年近四十的我根本還不夠成熟，我必須很認真矯正以前那種不當的心態，非常誠實地對自己曾經犯過的過錯。我再也不想只從自己的角度出發，先說一些自我保護的「免責聲明」，來自己騙自己。

從那時候起，如果我要交女朋友，一定要我覺得有希望繼續交往下去，才會去啟動，如果我覺得有點不舒服，或覺得彼此並不合適，預見到如果繼續往下走，到最後還是會有某個點過不去，就連開始都不會開始。

終於，雖然晚了十年，但我還是結婚了。我的太太是經朋友介紹而認識，跟她可以討論神學與玄學，有共同的話題，很談得來，和她在一起很開心。她很有上進心，不斷學習不同的瑜伽及精油知識，現在已經取得瑜伽教師證照了。

由於她自己也有憂鬱症，所以我們彼此可以理解對方的感受，相互取暖。當我心情不好的時候，她也會懂得如何陪伴我；同樣的，如果她心情不好，我也會懂得如何相待。這才明白，伴侶之間以同理心為出發點，正確地相互陪伴，也是一門重要的功課。

總而言之，在跟著 Eric 老師修行的這段期間，我慢慢了解到，有些學校課本沒教的事，過去的我根本不曾思考過對與錯；曾經理所當然的行為模式，其實或許在無形當中已經傷害到別人而不自知……於是我更加努力提昇覺知、端正自己的品行。這些點點滴滴的內在成長，都要感謝 Eric 老師對我的提點與教導。

Eric 老師的教誨——我的修行筆記

- 利益他人物質是不夠的，還要想辦法利益他人的心，正念，善念。利益他人修行！
- 碰到狀況：馬上做功課。依法依心，好好做功課！沖熱水澡！唸經迴向給眾生。
- 持經，寫實修筆記本，反省，要穩定（眾生會幫忙）。靜坐，得明白自然會解。
- 修行有脈絡，很深。很多的原因跟造化，要去了解。
- 無論我們處在什麼狀況，如果所有一切都可以重新開始，要怎麼做？
- 為何我們碰到不喜歡很多事，因為有什麼漏掉了，所以發生。
- 生活中有沒有顧全，就會變成「逆爭上游」，會有越來越多困境。
- 如果沒辦法修行，業力就一直累積。

・平常定性不足，人一多心不定的時候就會產生大難。

・修行，是在應證「空中妙有」。

・本性，無差別，無進量。

・修行：時間認知會改變，由「線性」轉為「非線性」。

・必須持續修行，了解，感受到不同的角度。不夠，就不斷輪迴在不同角色，必須不斷學習，成長。

・成正覺：二人交心變合一，進而與眾人交心，融合合一。如何真正利益他人。

・疑自哪來?疑從潛意識來。不自覺，就會融入在意識裡。

・還有集體意識的影響。不思為修行，大家會累積意識在集體意識，進而影響到所有人。

・如不懂修行，終其一生，雖波逐流，苦其一生。

學習呼吸法轉化情緒

我很感謝一路上帶領我前進的每一位老師，從他們身上所學習到的，都令我受用無窮。不過，假設這輩子最後只能再上一堂課，那我絕對會建議你上「生活的藝術」的「快樂課程」。

說起這件事，不得不感謝我的藝術界好友 Brenda Wang，她不但會跟我分享藝術知識，也常和我相約一起看展覽並討論心得。正是亦師亦友的她介紹我上生活的藝術基金會開的最初階「淨化呼吸法」（Sudarshan Kriya®），他們稱它「快樂課程」，讓我學習到如何運用不同呼吸技巧，結合瑜珈與冥想放鬆，來放下過往創傷，及負面情緒。

淨化呼吸法是一種被現代醫學證實能夠有效促進健康、壓力管理，對健康具有廣泛效益的獨特呼吸法。它是由與達賴喇嘛並列為世界三大智者之一的古儒吉大師（詩麗．詩麗．若威香卡 Sri Sri Ravi Shankar, 1956- ）在一九八二年靜心的寧靜時所帶出的獨特呼吸技術，復興自古老的調息法（Pranayama）精髓，並同步帶出了生活藝術課程，其背後的理論基礎比較偏印度教，只是它並沒有特別去彰顯這一點。

生活的藝術基金會（AOL），則是古儒吉大師一九八一年首先在美國創立，現在全球已經有超過一百五十二個以上的國家（包括台灣）設立運作中心，並在印度、加拿大、德國設立靜心所，提供人們進修、成長、避靜之用。

我生活的藝術啟蒙老師是Grace Huang，她總是非常的貼心與無私的照顧學生，從她身上不只學習到技巧，也學到如何樂觀看待人生，如何無私的幫助有需要的別人，很感謝她！

話說，其實現在很多瑜珈的呼吸法是來自於古儒吉大師，基本上他會有快跟慢等不同節奏、不同方法，上完課之後，老師會要求你連續練四十天，每天都要練習，不能間斷。

很多人會因為覺得累就中斷一天，但中斷一天都不行。我很好奇，為什麼麼非得連續練四十天不可？後來自己上網搜尋，才明白原來這是有科學根據的——人體從頭到腳所有的細胞全部更新，要花整整四十天，所以在連續的四十天裡每天進行淨化呼吸的練習，可幫助細胞健康重生。

很多的慢性病都是因為血液裡的含氧量不足，讓身體循環不好、容易感覺很累。實際上我們現代人就是運動不夠、血氧量偏低，壓力大的時候，循環就會被卡住，透過淨化呼吸法，讓你的循環變好了，頭腦變得更清晰了，過程中可能會有以前壓在細胞裡的意識或記憶，透過持續練習淨化呼吸法更新細胞，很多以前潛在的記憶或情緒，無形中就化解、代謝掉了。

坦白說我自己就曾中斷過二次，到第三次才完整練完四十天。在這連續四十天每天進行淨化呼吸練習的過程中，我發現很多以前的情緒，還有一些可能比較潛意識的不舒服和恐懼等感受，會自然而然浮出來，並自然而然地化解掉。然後，身體也自然而然地越來越有能量。我上過其他老師的課當然會有幫助，但不像古魯吉大師的淨化呼吸法這麼有效。

這也不是空口白話，後來史丹福大學也曾經針對淨化呼吸法做過研究，實驗證明，這樣的呼吸法對某些人來說，甚至可能改變他們的 DNA。

此外，獨立研究報告也顯示，淨化呼吸法具有：減輕壓力（減少可體松－壓力荷爾蒙）、增強免疫系統、減少膽固醇、緩和焦慮與憂鬱（輕度、中度與重度）、增強抗氧化的保護能力、強化腦力（增強心智的專注、寧靜、從緊張興奮的刺激中恢復的復原力），以及增強健康、滿足與平和的心靈等重大作用，其廣泛效益已經被世界衛生組織（WHO）、北美科學界與印度肯定，並且獲得美國衛生署的贊助研究。

根據我的親身體驗，快樂課程就是一個能讓人更健康、更有能量的呼吸法。就像是學習一個新的運動技能一樣，你可以把它當作學習一種新的健康方式，來運用到生活當中。正因為它很初階，不會談到太靈性的層面，而是把它當成是一個簡單的健康技巧來傳授，每個人在家裡只要花十五到二十分鐘就能做到，是相當值得推薦的課程，鼓勵你有機會可以試試看。

與古儒吉大師邂逅

因為覺得很受用，後來我再去上生活的藝術高階課程，甚至和我的生活的藝術老師Sherry蕭老師一起去印度和峇里島上古儒吉大師的親自教學課程，閉關過一個星期。

我那次去印度南部的一處靜心所閉關，學生們大家一起在那裡生活。古儒吉大師每天晚上會帶領唱誦，有點像是大家一起唱唱歌，相當舒服；然後進行火供祈福；接下來很多人會分享奇蹟。

古儒吉大師十分開朗親切，總是會盡量找時間讓每個學生都能當面看到他，因為他知道很多人都是從全球各地特地去見他一面。每次課程結束之前，他真的會特別再花時間跟每個人見面，為他們指點迷津。大部份的學生都會把握難得的機會，請教一些關於人生、工作等問題。輪到我的時候，古儒吉大師問我，我回答我沒有什麼問題，就這樣淡淡結束這場難得的一對一問答。

由於我此行主要是為了古儒吉大師而去，對有些課程的安排，我是真的覺得還好。裡面有一些學生甚至把古儒吉大師當作神一樣的崇拜，認為他的能量非比尋常，是非見到他不可的狂熱分子，但我這個人就是很隨性，第一次去的時候，有些課我根本直接蹺課，待在房間裡發懶。當然也有部份的原因是那時候我的憂鬱症有點復發，狀態不是特別好。

整體來說，這樣的共修形式對我來說是還好，但對於古儒吉大師的智慧，我是百分之百折服。他後來出了好幾本書，主要是學生跟他的問答集，我覺得我之前看了很多的解釋，都沒有他本人親自解釋的那麼清晰簡單扼要易懂。這些跟學生們的問答裡，涵括了很多智慧的話語，讓人覺得醍醐灌頂。

我甚至有主動幫他翻譯目前還沒有出過中文版的《生命的奧義》，那裡面分不同的章節，全部都是全世界各地的學生問他的一些關於生命的問題、包括他的回答。不過我翻譯的版本還沒有經過他們總部的校正，所以還沒有公開發表。

現在網路上已經有很多古儒吉大師的影片，他自己也有專屬的 YouTube 頻道，甚至他們也開發了一個 APP，裡面有很多他帶領的靜坐、音樂、知識等，已經是一個很龐大、很有系統化的組織，在推廣他的理念和想法。我是透過追蹤古儒吉大師的社交帳號觀看影片與知識，了解到何謂虛實、空性、真正的宇宙合一。

從古儒吉大師的智慧話語中，我深深領悟到，現在很多的觀念都是我們人類自己創造出來的，然後再透過歷史文化的累積，反而造成一種枷鎖，框架了我們的思念觀念，甚至牢牢鎖住。其實我們人類反而應該回歸自己的內心，和大自然連結。

我列那麼多位修行路上的貴人，但古儒吉大師算是影響最深的一位。他的教學與智慧讓我無比受用，同時透過他與學生的問答分享、冥想帶領，課程教學都讓我成長與堅強許多，找到內心平靜。

其他療癒法

由於我曾經是重度憂鬱症的患者，為了走出憂鬱風暴，有段期間我就像是神農嘗百草似的，只要聽說什麼治療方法有效，我幾乎都會去試試看。在這裡簡單分享我曾經學習過的治療方法以及學習心得，僅供大家參考：

·植物安撫不安的五感

二〇一〇年台北國際花卉博覽會，聲稱自己沒有插過花的設計師藍米克，表明了是花告訴他怎麼擺最美，在堪稱「園藝界的奧林匹克」的國際室內花卉競賽裡，進一步運用自己的設計專業，獲得三個冠軍、一個亞軍、一個銅牌的殊榮。

在能和花草溝通、善用直覺的藍米克老師所開設的綠色療癒課程裡，我向他學習到如何讓身體放鬆、跟大自然和平相處，並利用大自然能量改變自己心情；也學習透過插花與畫畫，來感受自己深層內在，與自己對話。真的很感謝藍米克老師，非常無私地與我分享很多大自然的運作道理，以及如何修復自己、帶領我體驗靈魂出竅的經驗。

而在花藝療癒課程裡，藍米克老師則是教我學習各類花卉為求播種所產生的各種非常另類的型態，並學習插花基礎概念與技巧，同時利用自己所選花種去探討內心喜惡與想法，是相當新鮮有趣的課程，帶給我另類的收獲。

・音波調整磁場

這是透過音波的能量，調整身體與脈輪的磁場的治療方式，我有嘗試並接受過水晶頌缽與金銅頌缽治療，讓人感覺很舒服，類似按摩後放鬆的效果。

總結來說，學習過這麼多形形色色的課程，我最大的心得就是：「適合別人的不見得適合自己」，其中有些課程可能對別人很有幫助，但對我來說，卻不見得受用。因此，建議你在投入新的治療課程之前，要先對它有一定程度的認識，評估自己的人格特質是否能夠接受？再根據自己真正的需求，去選擇最適合自己的方式，才能真正受用。

讓紓壓變有趣

由於憂鬱症真的很容易復發，經過不斷摸索、學習，我深切體悟到，提昇自我覺知能力變得格外重要，一旦意識到自己的憂鬱症好像快復發了，就要馬上調整生活型態及作息，像是不要過勞、應酬要減少之類，把即將爆發的情緒火山，想辦法降溫、紓緩，這樣才能減少復發的機率。

而要提昇自我覺知能力，探究生命的真理便是管道之一。以我自己來說，上完前面提到的種種課程，的確大大提昇了我的覺知能力，因此當我知道快復發的時候，就會及時自我調整，這是和憂鬱和平共處的重要關鍵。

因此我想以過來人的身分，奉勸罹患憂鬱症的朋友們不要輕易放棄，只要你認真找，一定會有適合自己的方法。要相信自己一定會康復的，只是需要花一點時間和力氣。

如果你因為情況較嚴重，根本什麼都不想做，但最低限度也是需要看醫生吃藥，有動力之後再慢慢做一些會讓自己開心的事情，找一些適合自己的興趣和活動，培養一些新的紓壓方式。

在生活中找樂趣

當你在做一件事情的時候，如果是開心、歡喜的，在那個當下，你就不會去想到煩人的事情。對你來說，那會是什麼呢？或許可以回想過去的生命體驗，你在做什麼事情的時候，是忘我而喜悅的？也或者，可以開始培養新的興趣，例如：運動。運動時大腦會分泌腦內啡，是公認極好的紓壓方式。在這裡分享我近年來生活中培養的新活動，從事這些活動的時候，令我感到十分放鬆與快樂：

潛水：年輕的時候，我很喜歡打籃球，但有一次不小心受傷之後，就不能再打籃球了。所幸我是個勇於嘗試新事物的人，大約在二〇一六、二〇一七年左右，有一次我在國外度假，參加了潛水體驗活動，那種將美麗的海底世界盡收眼底、被海水擁抱著獨處卻不孤獨的特別感受，十分美好，讓我一試就愛上了，於是我開始學習潛水，大約二〇一八年便取得潛水執照。潛水真的令我感到很放鬆、也很開心，所以我把它定位成每個月一次的大活動，成為平時很期待的「大事」。讓生活帶點期待感，頓時充滿希望！

瑜伽：相較於潛水是得經過特別安排才能進行的大活動，瑜伽則是日常生活中比較容易做到的運動。瑜伽（Yoga）的梵文原意是「合一」，也可以說是「內在真我的統一」。我這幾年開始練瑜伽，每週上一次到二次瑜伽課，感受身心合一的喜悅。我太太現在是瑜伽老師，平時因為有她一起陪伴練習，讓我最近這一年練得更積極。

德州撲克：和朋友相處，也是讓自己快樂起來的很好方式。我很愛和朋友一起打德州撲克，對我來說，它有點類似麻將的功能，和朋友一起打打牌、聊聊天，說說幹話，真的很紓壓！

藝術欣賞與收藏：近年來，我的興趣也擴展到關注藝術與藝術收藏。我喜歡去美術館、畫廊看展覽，發現透過藝術也蠻療癒。但喜歡並不一定要擁有，透過欣賞藝術家的作品，去了解他們在想什麼，也是一種忘我的過程。

找出生命中最重要的事

讓自己快樂的方法，除了從生活中找樂趣的「利己」活動，透過幫助別人的「利他」行為，也是一種不錯的選擇。畢竟有時候為了幫助別人而努力，反而會把注意力放在如何去做，產生另一種「忘我」。

我從網路找資訊、看各種不同的書，也上過各式各樣的心靈課程，最後發現，找到生命中最重要的事情、並努力實踐它，也會讓自己感到快樂。對我來說，生命中最重要的事情，就是幫助別人；而透過幫助別人，可以從中得到快樂，很有成就感。

當初會成立「用心快樂企業」，顧名思義，因為我個人好不容易從憂鬱症走出來，知道中間的過程非常辛苦跟痛苦，所以希望在有生之年，能夠運用自己的專長和知識，真正有效地幫助更多人去預防憂鬱症。

二〇一〇年剛成立的時候，是以投資紀錄片跟發行紀錄片為主。那時候網路基本上已經越來越發達，年輕人大多是透過影像在學習，像是YouTube、IG等，所以就想，說不定可以透過一些有意義的紀錄片，告訴大家：「想要快樂的話，自己是不是應該去做一些嘗試跟調整？」所以我們參與的第一部紀錄片叫做《音樂人生》，榮獲三座金馬獎，反應非常好，得到很多好的回饋，公司也有獲利，算是好的新開始。

接著持續參與了楊力州導演探討失智症的《被遺忘的時光》、跟聯合勸募一起合作，鼓勵老人家多多去運動的《青春啦啦隊》；以及參與行銷和發行台中弘道基金會製作的

《不老騎士》等，公司都小有盈利。

這些紀錄片的確都很棒，但發現觀影的當下，觀眾的反應都非常好，甚至痛哭流涕，覺得自己也應該改變、調整，過了一個月，這些感動似乎都淡化了，經過三、四年的觀察，發現沒有什麼後續的效應。

我省思這並不符合我當初成立社會企業的理念，因為我認為社會企業就是要能夠真正去解決社會上的問題，同時還能自力更生、獲得盈利，但那時候的我，似乎比較像是打擦邊球，對自己當時的商業模式比較不是那麼滿意。所以同時間，我也一直在找其他的方案。

那一陣子，每次我去7—11，注意到他們幾乎每個月會換一個捐贈對象，有一回我看到董氏基金會心理衞生組在做勸募，放置 DM 讓大家免費拿回去測試。那是一份單純的問卷，上面有十七、十八個問題，同時也會統計分數。填完問卷之後，還會有簡單的分析，然後建議你上網去看有什麼資源。雖然立意很好，但卻得非常沒有效率又不環保。

那時候恰巧手機 APP 正盛行，給了我一個靈感。於是我請朋友幫我跟董氏基金會牽線，認識葉雅馨主任，便向她提議：「我們一起合作好嗎？我出錢，把紙本問卷的形式轉換成 APP，這樣大家在手機上就能下載、並得到即時的結果，然後我們再提供解決方案或建議活動。」

董氏基金會也覺得這個想法非常好，不然他們為了要擺放在全台灣每一家 7—11 門市一個月，一年得花大約四十萬的印刷經費。我進一步請教他們：「你們有回收機制嗎？」他們回答：「沒有。」原來他們純粹宣傳，卻根本不知道結果。在我看來，只著眼在宣傳，卻一點追蹤的方法都沒有，很浪費錢。

後來我就去找一家手機軟體開發公司，開發了一款「DS 憂鬱情緒檢測」的 APP，在二〇一二年十一月二十日舉行上市記者會，請藝人翁滋蔓來幫忙宣傳，反應非常好。當時我們經費不夠，沒有做 Android 手機版，只做 Apple 版，儘管如此，上市第一個月居然就衝到心理健康類第一名。在沒有任何後續宣傳的情況下，過了一、二年多，它竟然每個星期還都有一、二百個下載。那時候我就知道，原來大家都在透過手機找解決的方案。

不過「DS 憂鬱情緒檢測」這個名字我非常不喜歡，一般人在手機 APP 搜尋的時候，應該不太會有人莫名其妙就打「DS」這二個字，而是打「憂鬱」或「情緒」。即使如此，最後它居然也累積到一百多萬次下載。

很可惜，那時候我不懂得要買斷原始碼，它是跟著那家開發公司，結果那家公司被合併了，我們卻拿不回原始碼。雪上加霜的是，那家接手的公司後來決定不負責維繫 APP 這一塊，結果這個 APP 就陣亡了。我現在正在努力的規劃新版 APP，希望能夠儘快推出，幫助更多有需要的人。

珍愛自己，守護親友

自殺的念頭在二〇〇八年我開始重度憂鬱的時候曾經出現過很多次，很多朋友都勸我說我已經什麼都有、經濟也沒問題，要我想開點。這些我當時都非常清楚與了解，但憂鬱的時候，大腦就是只會想到負面的念頭，不是我可以控制的。

所幸在家人與幾位好友的耐心守候與陪伴下，我先接受自己生病的事實，開始看醫生吃藥，然後慢慢重新思考自己過去生活到底是什麼地方斷了線？同時也尋找各式各樣的紓壓方式和自我了解的課程，全方位的回顧、探討自己的想法與個性。這段路程不是很順利，一點也不輕鬆，畢竟要誠實面對自己的過去並檢討自己個性上的缺點，必須經過一系列的自我否定、重新建立新價值觀的反覆思索與自責……

所幸一路上得到許多好友與貴人相助，讓我慢慢完全、徹底的接受自己的不完美，知道自己有什麼認知與行為上的偏差一定要改變，並提升對自己所做所為的覺知，讓我在最近三年來憂鬱症發作的頻率與時間幾乎為零，現在也可以清楚感知到自己情緒開始低落的起點，知道要如何馬上處理自己的情緒或壓力，預防自己再度陷入憂鬱情緒的恐怖黑暗漩渦之中（我的方式是看影集把大腦放空、馬上去海邊泡水或游泳，或邀請好友一起去趟輕旅行）。

經過多年的自我探索，我終於了解到自己為何會得到憂鬱症？原來是當初我在香港工作的時候對於自己表現太要求完美，每天工作時間一定超過十二小時，然後不知不覺中與以下這些想快樂必須要有的連結斷了線：

- 一份自己喜歡並覺得有意義的工作。
- 跟親人或好友的基本社交活動。
- 定時跟大自然的互動。

長時間的不滿足與沒有任何開心或放鬆的活動後，我就在毫無意識下，從習慣性的情緒低落中，慢慢轉變成為醫學定義的「重度憂鬱症」。

一旦得到憂鬱症，要完全康復是非常不容易的，所以如果你發覺自己身邊有常常心情不好、情緒起伏不定的親友時，請務必記得我的分享，趕快好好傾聽跟陪伴他，不要一直只說一些不要想太多、事情沒有你想的那麼嚴重的幹話，用心一起預防他們變成憂鬱症患者好嗎？

讓我們大家盡一切力量防治我們最愛、最重要的親人與朋友們不要得到憂鬱症，大家可以一起一輩子健康快樂地去體驗人生樂趣！祝福你與你關愛的親友們一輩子健康、快樂、永遠遠離憂鬱情緒的痛苦。

附錄 1

關於憂鬱症、覺知、面對死亡的推薦書單

《憂鬱症自救手冊：如何治療？怎樣照顧？你和家人的自助指南》

作者｜李・科爾曼博士

美國專業心理學委員會（ABPP）極力推薦。一本給憂鬱症患者與陪伴者的照護手冊，數十年臨床經驗精華集結，提供面對憂鬱症最實際可行的做法，指引你尋找最佳的診斷與治療，重拾健康、回歸正常生活。

《親愛的我 Oh! Dear Me：250 天憂鬱症紀實》

作者：蔡嘉佳

作者蔡嘉佳在二十一歲的夏天，確診罹患精神官能性憂鬱症。在抑鬱、承受嚴重的藥物副作用的同時，深刻地感受到社會因不理解而對心理疾病患者的種種標籤化，她決定用坦誠的記事融合文學的筆，大無畏地溫柔訴說發病過程和病情起伏中的生活細微，透過憂鬱症患者的眼睛看見彼此的困境。無論是患者、陪伴者或任何一位願理解同心的身影，都能在本書得到一點力量。

《八週正念練習：走出憂鬱與情緒風暴》

作者｜馬克・威廉斯、約翰・蒂斯岱、辛德・西格爾

正念認知治療（MBCT）已經過研究檢驗，證實對憂鬱症、焦慮症及範圍廣泛的相關問題具有效果。對於已經歷數次憂鬱的人來說，MBCT 能降低一半未來發生臨床憂鬱的風險——其效果似乎能夠媲美抗憂鬱藥物。相較於作者之前的著作《是情緒糟，不是你很糟》，本書提供更多工具和實務引導細節，可做為自助工作手冊，幫助人處理持續存在、令人討厭的情緒狀態，學習保持身心平衡和面對情緒。

《大腦衝浪：你只需要一點心理學，衝破人生僵局！》

作者｜劉軒

在本書中，作者劉軒以積極心理學、認知心理學、前瞻心理學等重量級理論為基礎，研擬設計了一套「自我啟發、時間管理、潛能開發」完整系統，有效幫助你整理並釐清自身狀態、梳理情緒、管理身體能量。Just do this ！三十個心理工具→三十個行動練習→一套完整系統，透過 step by step 練習，將你從膠著狀態中解放。

《覺醒的你》

作者｜麥克・辛格

作者麥克・辛格在攻讀博士班時，無意間走上了靈性追尋之路。他計畫隱居林間潛心修行，過程中漸次了悟許多學校教育從沒提過的生命真相。憑著自身的領悟，他展開長達四十年的臣服實驗，意外讓自己從一名隱居者一路成為上市公司的執行長。本書所提的觀點與方法，是他生命質變的重要關鍵，出版至今十餘年，在世界各地已影響千千萬萬名讀者，開啟了生命的無限可能。

《擁抱黑狗：如何照顧憂鬱症患者，同時不忘呵護自己》

作者｜馬修・約翰史東、安絲莉・約翰史東

他罹患憂鬱症的時間長達二十年，狀況時好時壞，起伏不定。儘管如此，他的太太安絲莉仍謹守著結婚時立下的誓言「同甘共苦，不離不棄」，堅定的陪伴在他身邊，給他最大的力量。此書是馬修和安絲莉・約翰史東夫妻，在攜手擊退黑狗的糾纏後，為憂鬱症患者的伴侶、家人、友和同事所寫的指導小書，以心中的黑狗來形容憂鬱症，並以繪本的方式呈現，內容包括憂鬱症狀的跡象，以及應付黑狗襲擊的實用建議。馬修和安絲莉也以過來人的經驗，為照顧者提供珍惜自己的訣竅，以及紓發情緒的技巧，避免自己也成為黑狗的飼主。

《我的孩子得了憂鬱症：給父母、師長的實用指南》

作者｜法藍西斯・孟迪爾

本書是國內第一本專門討論青少年憂鬱症的專書，內容詳盡，清晰易懂，是一份完整而實用的入門好書。書中包含許多案例，讓讀者從實際的個案描述來了解憂鬱症，同時也說明常見的相關症狀，如學習障礙、藥物濫用、自殘行為，一併解釋這些症狀的大腦成因及其與憂鬱症的關係，顯示了作者學識的淵博及用心的良苦。

《死，打碎我們，還是打開我們？：生死交界六代送行者，最真摯的心靈告解與生命體悟》

作者｜卡利伯・懷爾德

大體的運送、防腐、裝扮、入殮、火化、清洗殮房……身為禮儀師的作者，日復一日重複上述過程，處理並送走一個個截然不同、獨一無二的「人生終點」。他原本加入家族葬儀事業只為餬口飯吃，又因「太習慣與接近死亡」而罹患憂鬱症，然而，一次在葬禮現場休克倒下，讓他得用全新心態去面對「身後事」這一行。在數千葬禮現場看盡善終與非善終、人性美好與不堪後，他體悟到「死亡如泥土、一花一天堂」，人間處處皆有微小天堂——美好與良善；一邊做著死亡這門生意，一邊挖掘出死亡帶來的正面價值。

《我修的死亡學分》

作者｜李開復

癌症是敵人還是諍友？癌症是懲罰還是恩賜？在濾泡性淋巴癌的病房裡，在生死大惑的拷問之下，在職場上叱吒風雲的李開復，這才返身看見過去種種錯失。他重新檢視過去深信不疑的價值信念，這才發現，原來癌症只是身體的訊號，生命還有許多深刻的領域未曾觸及。親人、朋友之愛，無所為而為的處世、待人之道、健康之道……新的領悟，於是一一開啟。

《凝視太陽：面對死亡恐懼》

作者｜歐文・亞隆

死亡和烈日一樣，令人無法直視。但是唯有理解、看透心底這份對死亡的恐懼，才能讓生命變得更深刻、更珍貴、更充滿意義。歐文・亞隆在本書中，以獨樹一格的敘述風格，探討「人之終有一死」這個普世議題。每個人都需要面對生命中最艱鉅的挑戰：克服死亡恐懼——就算有最堅固的防衛，我們也無法徹底壓制心底的死亡焦慮，它永遠在那裡，蟄伏在內心某個隱密的深谷裡。

附錄 2

求助單位資訊

全國性服務

- 生命線 24 小時專線 1995
- 張老師專線 1980
- 自殺防治專業諮詢電話 24 小時安心專線：
  0800-788-995（請幫幫、救救我）

地域性服務請參考此連結：

董氏基金會地區求助資源（jtf.org.tw）

遺書教我的事

作　　者　趙士懿
採訪撰文　陳秋華
採訪整理　黃于洋（詹佳真醫師專文解析）
封面設計　Bianco
內頁排版　游萬國
總 編 輯　陳毓葳
社　　長　林仁祥
出 版 者　沐光文化股份有限公司
發　　行　沐光文化股份有限公司
台北市大安區安和路 2 段 92 號地下 1 樓
電話／ (02)2805-2748
E-mail：sunlightculture@gmail.com
印　　製　呈靖彩藝有限公司　**電話：**(03)322-7195
總 經 銷　大和書報股份有限公司
電話：(02)8990-2588　**傳真**：(02)2299-7900
地址：新北市五股工業區五工五路 2 號
E-mail：liming.daiho@msa.hinet.net
定　　價　330 元
初版一刷　2021 年 12 月
缺頁或裝訂錯誤請寄回本社更換。

國家圖書館出版品預行編目 (CIP) 資料

遺書教我的事 / 趙士懿著 . -- 初版 . -- 臺北市 : 沐光文化股份有限公司 , 2021.12
面；　公分
ISBN 978-986-99425-9-1(平裝)

1. 生活指導 2. 憂鬱症
177.2　　110019635